JN076986

［復刻版］

天孫人種六千年史の研究

一

［復刻版］

天孫人種六千年史の研究

一

奪われし日本【復活版】シリーズとは？

「友は強し」を合言葉に、必要な書籍を必要な方へ——たとえ100部からでもお届けする！　そんな出版社「ともはつよし社」が企画した書籍をヒカルランドが販売していく——必然のコラボレーション！　それが「奪われし日本【復活版】シリーズ」です！　きびしい出版業界の中で「志」一本でお届けする珠玉の作品群——ご愛顧のほど、よろしくお願い申し上げます♪

序

日本族彌榮の理想信仰は、事實を無視したる精神のみの構想せる消息では無い。歴史を閑却せる唯の觀念に止まるもので無い。過去の歴史事實を通じて實現せられ、現在の歴史事實中に生き、未來の歴史事實の爲に存する、萬古一貫の「いのち」の光明の自照として存する自覺であり、夫は實に創設力其の者である。事實と違ひ又は事實を排斥するものでは無いが、事實の及ばぬ根本である、事實に超越したる一層統括的なる指導力である。愛友三島敦雄君は夙に敬神尊皇の念に篤く、永く神祇國體の根源を研究し、研究せらるるに隨ひ、以上の點に付、彌々其の思を深うせられたといふ。よりて神ながらの道の中心たる皇室、其の理想信仰に生まれたる日本族の歴史的事實の根源の根源に溯り、之を實證せんとせられ、萬難を排し、刻苦勉勵十數年にして、此の方面に一路を開かんとせられつつある。但し、其の着想の遠大なると、資料獲得の至難とは、到底獨力の成就し得べからざる所に屬するから、此の方面に向ひ廣く共同研究を開始せんが爲に、其の資の一端として、君の研究案の一部分を公開せらるることとなつた。されば其の內容の一つ一つに至つては元より確定意見として主張せらるるのでは無く、廣く一般討究の爲の問題を提出せられたもので、そこに研究に忠實なる貴さのあるを看取する次第である。然も些少の疑だも超越せる、君に一貫せる不動の精神は、敬神、尊皇、愛國の至情と、我が日本族の理想信仰の世界精神の表現たることの覺信と、其の理想信仰が歴史的事實と離れず絶えず事實の本質として、有らゆる偶然なる事實を美化し綜合して大事實と成しつつあることの大自覺である。本書の公刊に當り序を請はれたるまゝに、所感をしるすこと斯くの如くである。

筧克彥

紀元二千五百八十七年
昭和二年十二月十五日

天地を固め成したるみすまる（御統）の
　彌榮の皇は日の本の皇

彌榮の御神いなだく（戴）皇國の
　民とし知れば物思ひ無し

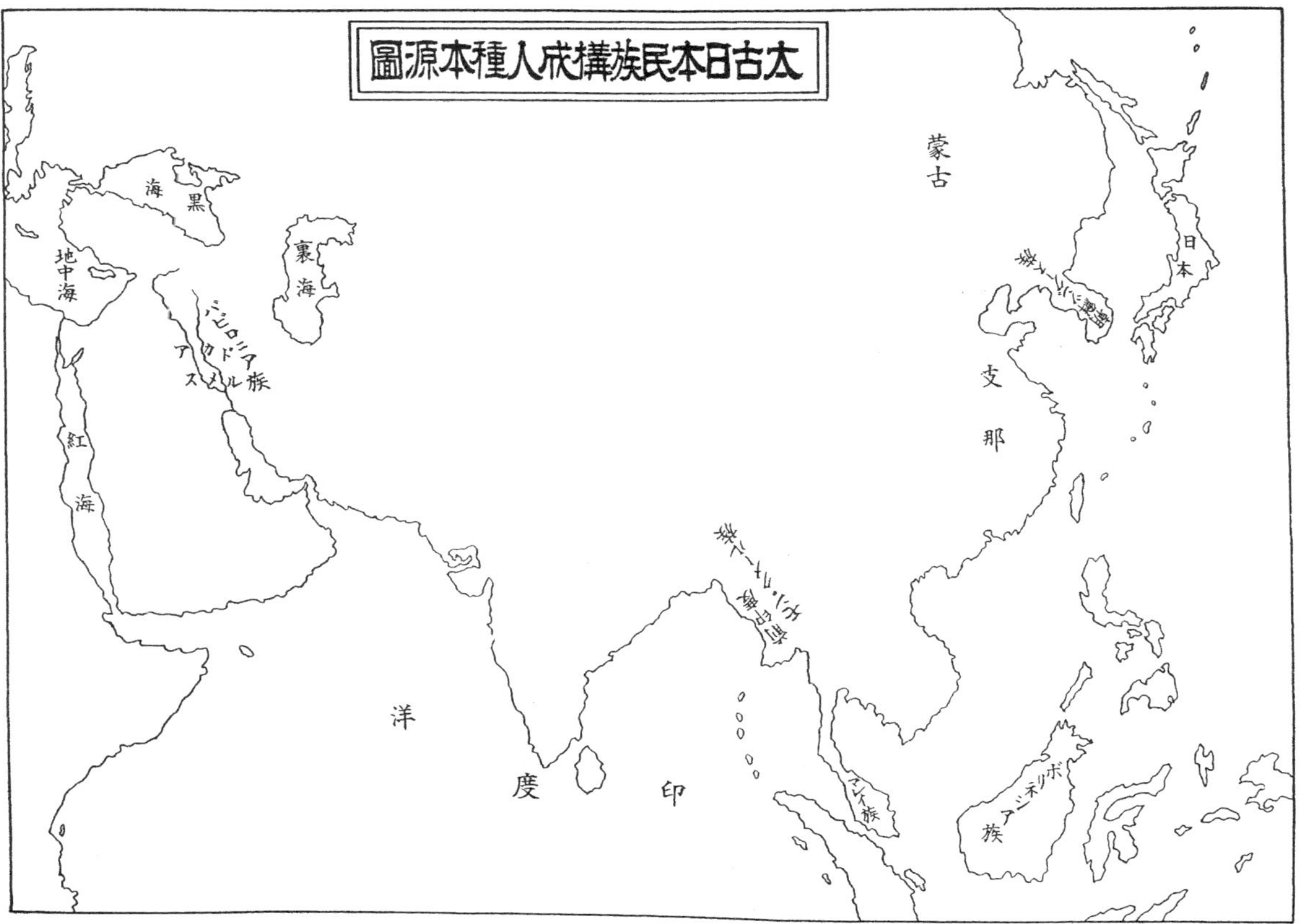
太古日本民族構成人種本源圖
蒙古
日本
ツングース族
支那
黒海
地中海
裏海
紅海
バビロニア族
アカド
スメル
前印度モン・クメール族
マレイ族
ボリネシア族
印度洋

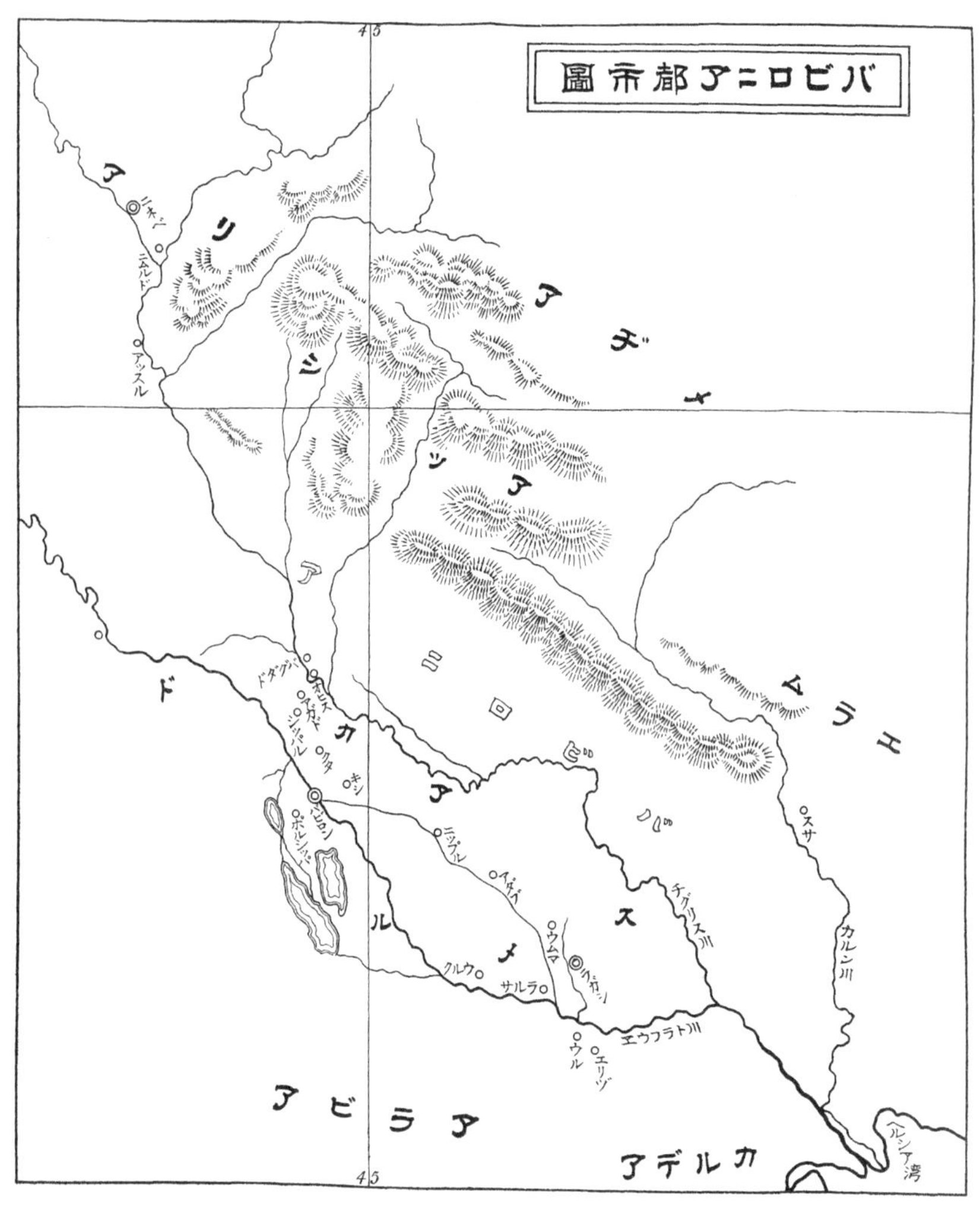

バビロニア都市圖
45
アッシリア
ニネベ
ニムルド
アッスル
エラム
スサ
カルン川
チグリス川
ユウフラト川
バグダド
オピス
アガデ
シッパル
キシ
バビロン
ボルシッパ
ニップル
ウムマ
ラガシ
サルラ
クルウ
ウル
エリヅ
アラビア
カルデア
ペルシア湾
45

太古天孫人種系氏族分布圖

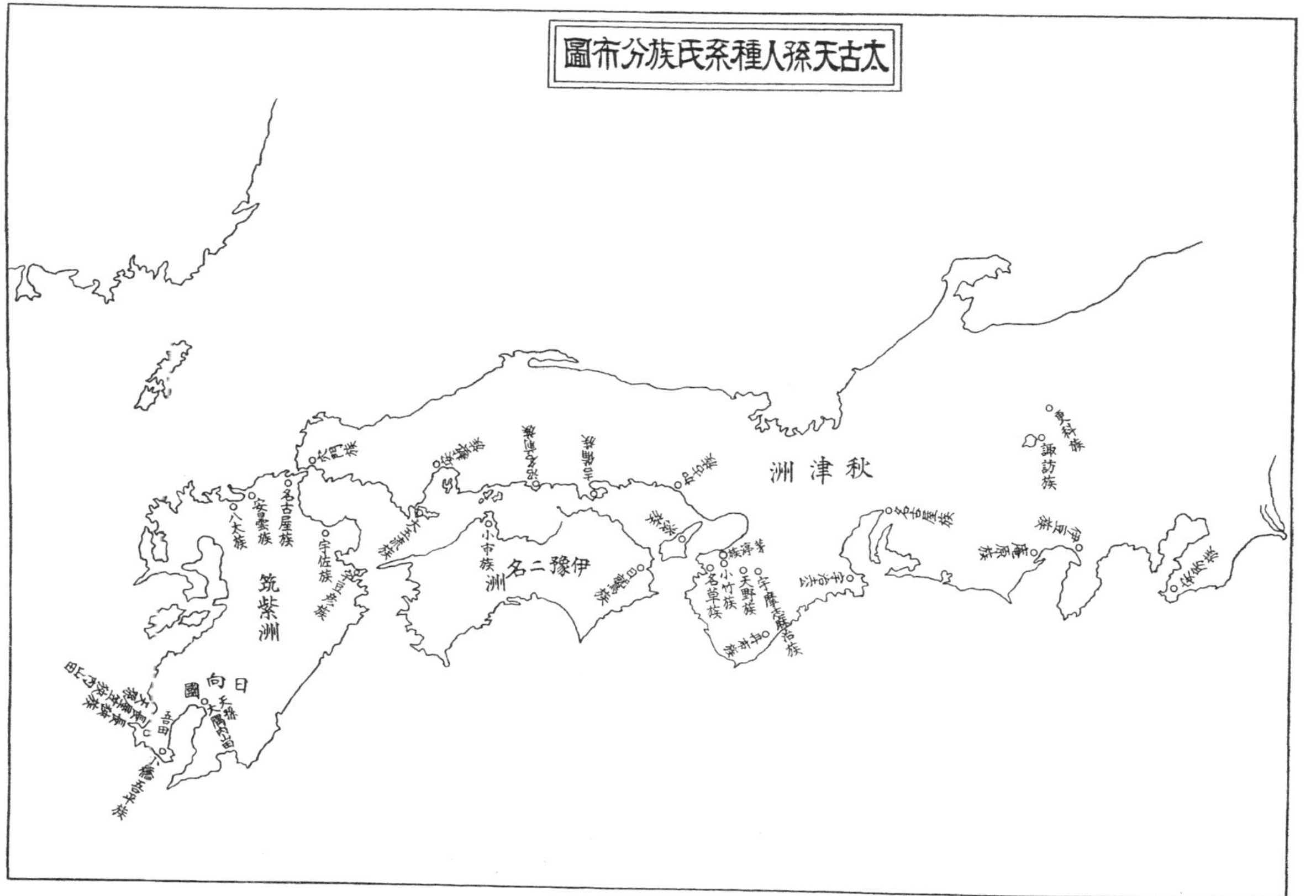

序

日本建國史の徹底と、我民族傳統の精神たる理想信仰の確立とは、國民思想の根柢であらねばならぬ。然るに古來我が建國史は徹底せらるゝに至らず、從つて國體の根源に懷疑を生じ、動もすれば民族傳統の精神は破壞せられ、今や歐米の主我的思想に遇へば、忽にして人心の頽廢思想の惡化動搖を萌し、將に國家の重大なる危機として上下愕然たるものがある。余輩は若年にして神武天皇は呉太伯の裔なりといふ妄誕說ありと聞き、慨然として建國史の不徹底は必ず國體の缺陷にして、國家の禍根なるべきを深く痛感せざるを得なかつた。然して余は建國史の研究を試みたるも水泡に歸し、時勢は推移すると共に、稍もすれば我が國體の淵源は歐米人に因りて玩弄的研究せらるゝの虞あり、日本民族の汚辱これより甚しきはなく、焦慮哄嘆措く能はざるものがあつた。かくて余は深く感ずる所あり、我が國體の根柢たる皇室並古代神社と創祠氏族との研究を試むるに至つた。余は嘗て原田敬吾氏の高天原バビロニア說を視たるも、余の不敏なる未だ胸底の扉を開くに到らざりしが偶々奉仕の伊豫大三島神社（國幣大社大山祇神社）並大長宇津神社と、其の創祠者たる小市國造との神祕的研究に方り、俄然大山積神一名和多志大神は、スルメ語の海神エア又ヤー（Ea）の轉訛神にして、大長宇津神は、日神鎮座地の稱名たるナグ Nagu（鎮護地）ウツ ut（日神）、小市國造の祖小千命は大和國造の祖、長尾市と同語、ウツの變化なることを發見し、爰に始て天孫人種の根柢に觸るゝの端緒を得るに至れる譯である。

然して余は大正十二年春バビロン學會頭原田先生に會見して歡談時の移るを知らず、當時バビロニア語の研究に就て懇篤なる指導を受けたるは、余の深く肝銘措く能はざるところである。又前印度モン・クメール語、マラヨ・ポリネシア語、朝鮮ツングース語等に就ては文學博士坪井九馬三氏の説に負ふ所尠からざるは感謝に堪えざる次第である。

天孫人種の世界東西文明の祖人種たるスメル人の系統たるは、我が皇室に對する尊號並三種神器は勿論、古代神社の祭神、創祠氏族といひ、國家は一家の增大にて君民父子の情ありといふ國家々族主義、君主中心主義、神社中心主義、祭政一致といひ、其他の史的事實も、建國の理想信仰も彼我相一致し、殊に日本原始民族を綜合的研究の結果であるから既に己に斷定的事實であつて、今更寸毫も議論の餘地なきことを固く信ずる。

本著は日本建國人種史であり、日本原始民族史、バビロニア史、人種學、言語學、神話學、神社史、神道史、國民道德史、宗教學、哲學、考古學、美術工藝史等あらゆる方面の基礎である。併し本書著述の主眼は日本民族の人種的本源に遡りて、我が建國史に對する疑惑を一掃して以て國體の尊嚴を顯著にし、民族傳統の大精神たる理想信仰の根柢を究めて以て其の天職を明にする所に在る。日本民族の天職は我等血液の淵源が世界東西文明の大祖、人類文化の大恩者たるを自覺して以て其の大氣象を興起し、民族の大宗たる我が皇室を中心として以て其の傳統精神たる世界神國化、世界大家族主義を提げて世界人類を救濟する所に存するであらう。我等は歐米人より東洋の劣等民族として排斥せらるゝ如き腑甲斐なき民族にあらずして、人類文化の創造者たるに目醒なければならぬ。或は曰く、今日の思想問題は經濟に禍根を有し、其の精神的救濟の如きは迂遠も亦甚しいと、併し思へ、精神を沒却して利に走るものを救濟せんとするは、恰も河水の汎濫を防ぐに水源の禿山を顧みざるの愚であらう。

本書著述の半にして吾が長兒廣基の大患に遇ひて殆筆を抛ち、遂に大正十四年春東都に於て享生十七年五ケ月を一期として永眠しぬ。爾來余は三斗の熱鐵を呑むの思をしつゝ公務の餘暇を以て完成を急ぎたるは、余の終生忘るゝ能はざる所にして、本著が長兒慰靈の記念となりたるを深く悲しむ。

併し神祕的事實は本年四月始て諸神並亡兒天啓を下し殊に亡兒は「生きて孝養を盡す能はず、希は神として祭らば家を守護し社會を救はん」と、請に因りて若宮と崇め祀り、之より諸神と共に啓示頻にして、所謂幽界存在、靈魂不滅、神社祭祀及び祖先崇拜の原因と結果、祭政一致の意義の類を實地に研究するの便を益々得るに從つて、今更の如く靈界に對する半信半疑の弱者たりしを恥づると同時に、余が本著に述ぶるスメル時代より傳統の經國の大精神たる天皇も神、國土も神、國民も神孫にて三位一體の地上高天原化の神國主義も、皇祖の天壌無窮の神勅も、皇孫の日神の御子火神として天降り給へるも、單に漠然たる理想信仰や、平凡なる史的事實たる以上に、實に幽顯不二の體驗に因る人生最高の精神文明の表現たる崇嚴神聖なる大事實であることを證據立て、果して亡兒は死せるにあらずして肉體は亡びたるも永遠の靈に生きつゝ、ある譯を覺り得たのであつた。

本著引用の寫眞は、モリス・ヂアストロー著、バビロニア及アツシリア文明論、同氏著、バビロニア及アツシリアの宗教信仰及實行の模様論、ブルーノ・マイスナー著、バビロニア及アツシリア論、其の他數種の内外圖書より採錄せるものである。願くは小著の發表が動機となり、我が建國史と民族傳統精神の研究勃興して、彌々國民思想に益する所あらば、不肖の本懐これに過ぎぬ。終に臨みて本著出版の擧を賛し、貴族院議員馬越恭平氏の特別後援を與へられたるは、著者の深く感謝する所である。爰に記して敬意を表する次第である。

天孫人種文明創設紀元六千年

昭和二年十一月印刷成るに臨みて

三島敦雄　謹識

天孫人種六千年史の研究 一 目次

挿圖

口絵目次

地圖目次

目次

挿図

三　長屋津笠狹の地理
四　笠縫三諸宮の地理
五　大三島神社地理
六　大山祇神社々殿配置圖
七　小市國 造古跡地理
八　大三島神社と越智氏の紋
九　日前國 懸 神宮社殿配置圖
十　宇佐八幡宮社殿配置 並 旧社地々理の圖

目次　終

第一圖

日像の鏡　紀元前八世紀バビロン王ナブバラチンが、シツパル市のシヤマシユ神宮へ奉納の額、祠内に座し給ふは日神シヤマシユ、其の前に在るは日像の鏡、其の上に在るは神紋、其の下は楔形文字、ロンドン博物館所藏、モリス・ヂアストロー著、バビロニア及アツシリア文明論所載、

SHAMASH, THE SUN-GOD, IN HIS SHRINE AT SIPPAR

第二圖

（一）バビロンの神の王、日神マルヅークと鏡（紀元前約六百年）
（二）アツダド神たる暴風雨神、軍神、其の兩手に持つは雷光形の劍、腰に掛けたるは鏡、

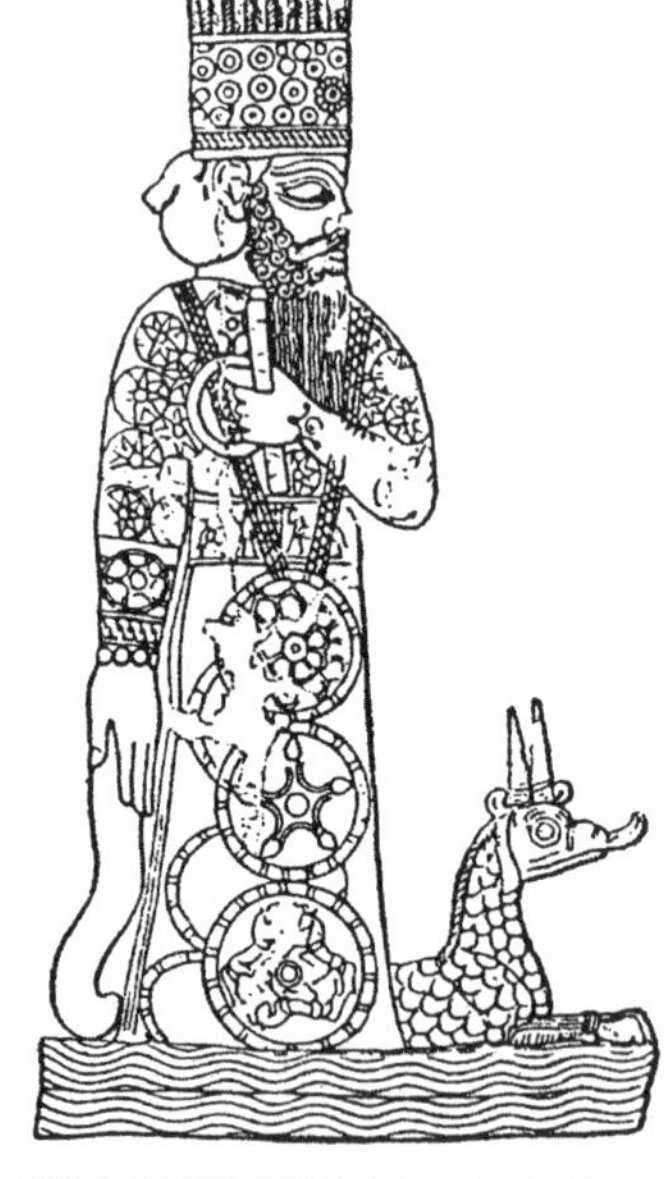

FIG. 1, MARDUK, THE CHIEF DEITY OF BABYLON

一

FIG. 2, ADAD, THE GOD OF STORMS

二

第三圖

二

FIG. 1, KING ASHURNASTRPAL III OF ASSYRIA
(883-859 B.C.)

一

FIG. 2, THE GOD NINGIRSU, CAPTURING THE ENEMIES OF LAGASH IN HIS NET

（一）鷹の碑　スメリアのラガシ市の主神日神ニンギルス神が左手に神使鷹を、右手に槌矛を持ち賜ふ圖。

（二）アッシリアのアツスリナジルバル王の佩く劍は頭槌劍に酷似す、其の胸にアルテス十字架を掛く。

第 四 圖

（一）スメリアのニツプル市のエンリル（地神）の神像と新月形の頸飾及裝飾品　（二）ラガシ王某の石像と頸飾　（三）神像と頸飾

TERRA COTTA VOTIVE IMAGES OF THE GOD ENLIL AND OF HIS CONSORT NINLIL (NIPPUR)

一

三

二

第五圖

（一）バビロン出土の玉製頸飾、所謂八坂瓊の五百箇御須麻流であろう。
（二）同上出土の黄金製頸飾、共にブルーノ、マイスナー著、バビロニア及アツシリア論所載。

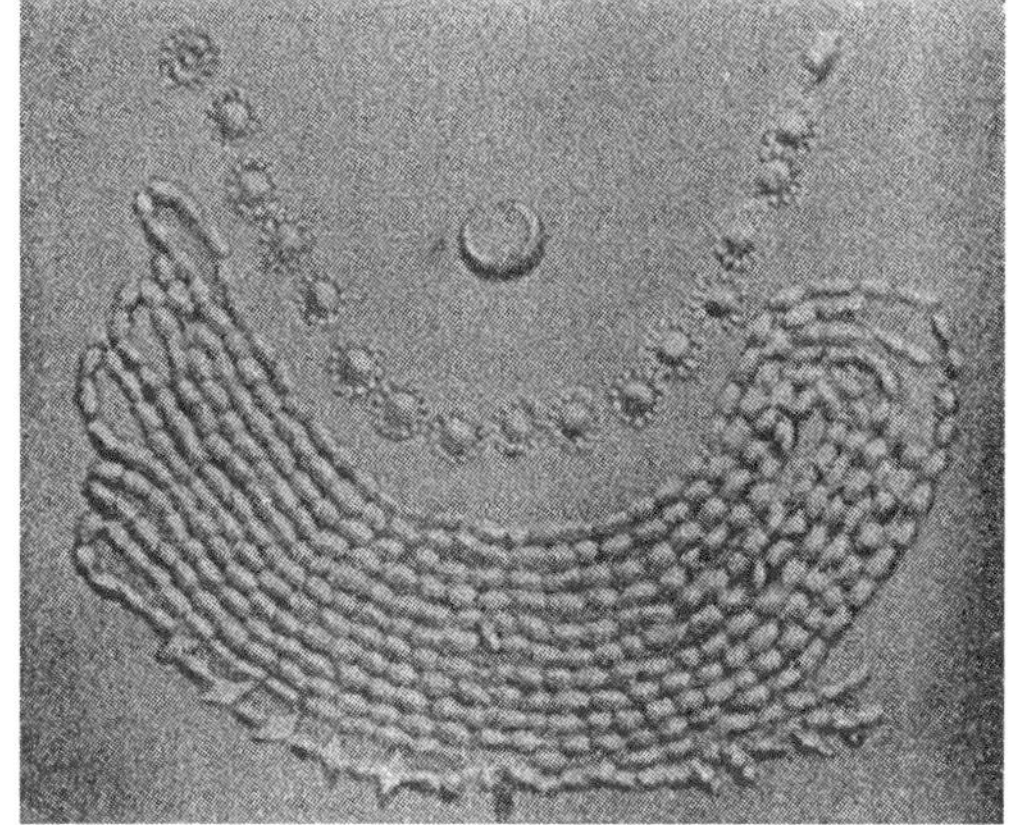

一

Abb. 150. Perlketten u. Kornfiligranarbeiten.
(Koldewey, Das wiedererstehende Babylon, Abb. 186.)

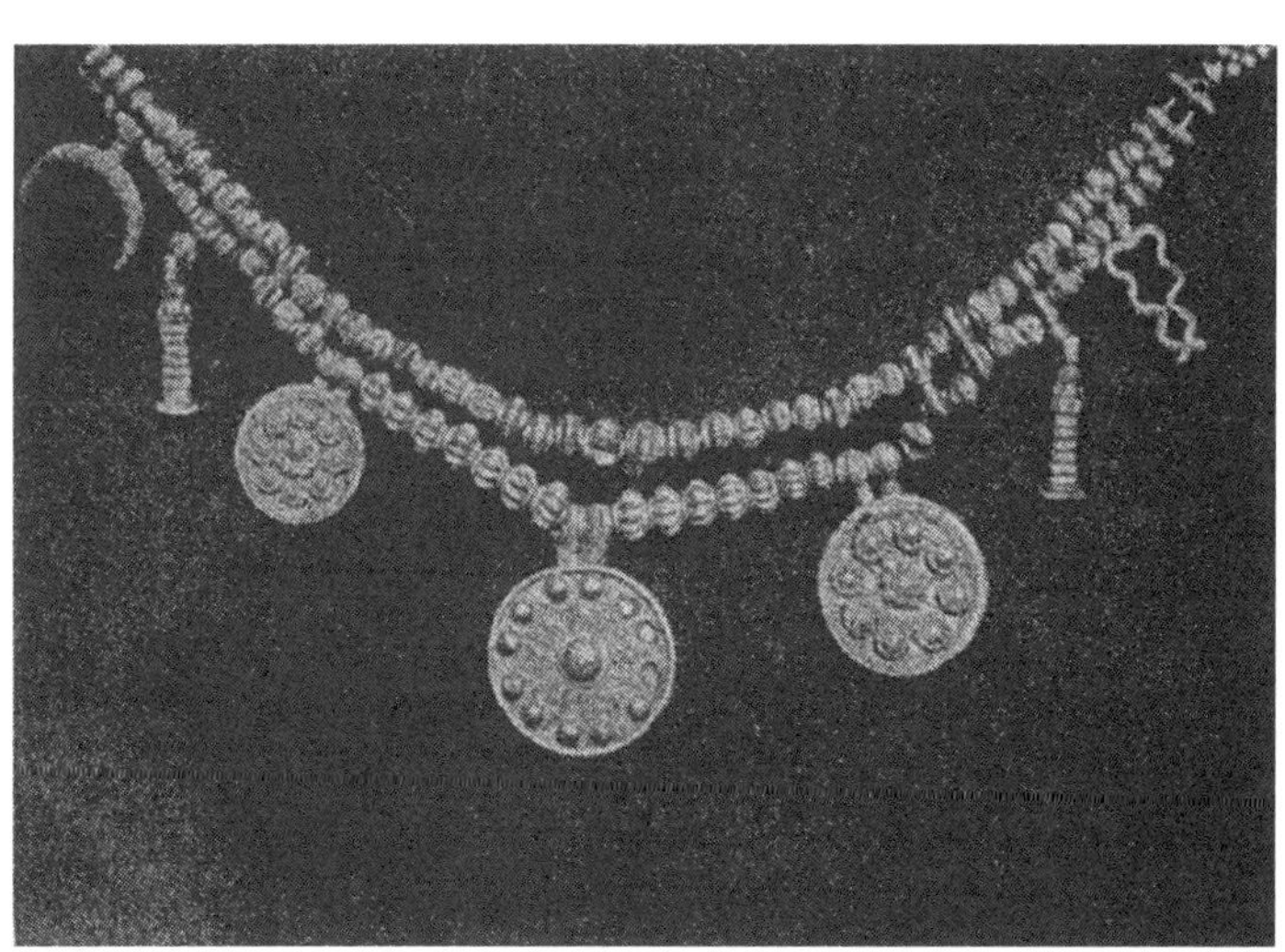

Abb. 147. Babylon's Ler Goldechmuck.
(Phot. nach dem Frau Dr. Hahn gehörenden Ori inal.)

二

第六圖

一

二

（一）アッカド市イスタル神宮門の殘壁と菊花紋、紀元前六百年新バビロニア國ネブカドネザル王が釉藥色煉瓦を材料として建築せるもの、（二）同七世紀に築かれたバビロン行列道路の煉瓦壁の菊花紋

第七圖

一

Abb. 71. Stele des Bêl-Harrân-bêl-ußur (Scheil, Saison de fouill. á Sippar, Pl.I.)

二

(一) シッパル市發見の紀念碑、胸邊及手頸の菊花紋及び神紋

(二) アッシリア發見の紀元前八世紀ころの作金屬打出製盆の菊花紋

第八圖

（一）バビロニアの象形文字ホフマン文書（七八千年前）（二）原始的楔形文字

一

二

第九圖

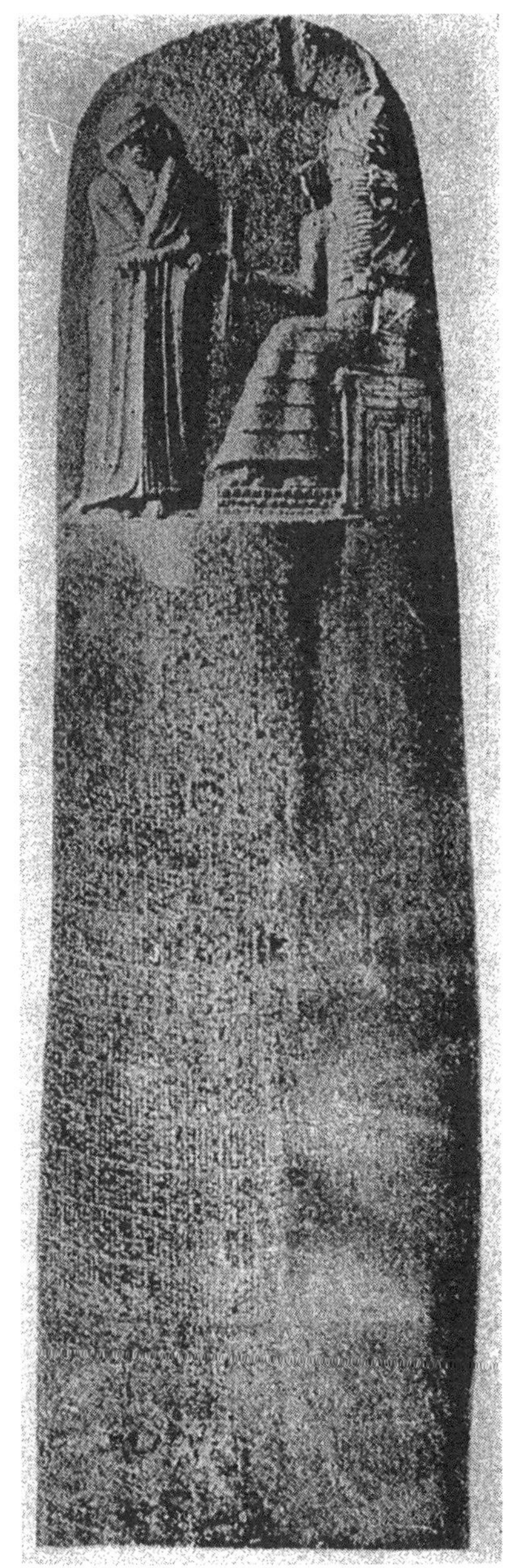

THE CODE OF HAMMURAPI, KING OF BABYRONIA (C.2123-2081 B.C.)

ハムラビ大法典の石碑、紀元前二千百二十年バビロン第一王朝の六世ハムラビ大王のバビロンに建設に係る、この石碑は高さ二米突四分一の緑石で、其の上部は日神よりハムラビが法典を授かる像で、下は楔形文字で法文が刻されてある、後奪取せられたるものをシューシアに於て發見し、現にルーブル博物館に所藏す。

第十圖

二

FIG. 1, HERALDIC DESIGN OF LAGASH

FIG. 1, SILVER VASE OF ENTEMENA, RULER OF LAGASH

（一）ラガシ王エンテメナのニンギルス神宮へ奉納の銀瓶、其の獅子面を有し、獅子を攫む鷲は同市の標章で、紀元前三千年の製作に係り世界工藝美術史上無比の優品と稱せらる。（二）ラガシ王國の標章等の繪馬額

第十一圖

FIG. 1, UR-NINA, KING OF LAGASH (C. 3000 B.C.), AND HIS FAMILY

一

FIG. 1, DIORITE STATUE OF GUDEA (C. 2450 B.C)

二

（一）ラガシ王ウルニナの繪馬、王の頭へ籠を載せたるはニンギルス神宮造營に勞働する模樣、（二）同王グデアの石像

第十二圖

（一）スメル王のタイプ、ラガシ市發掘　（二）セミット人のタイプ、アダブ市發掘

一

二

第十三圖

FIG. 2, ISHTAR AS THE GODDESS OF WAR

一

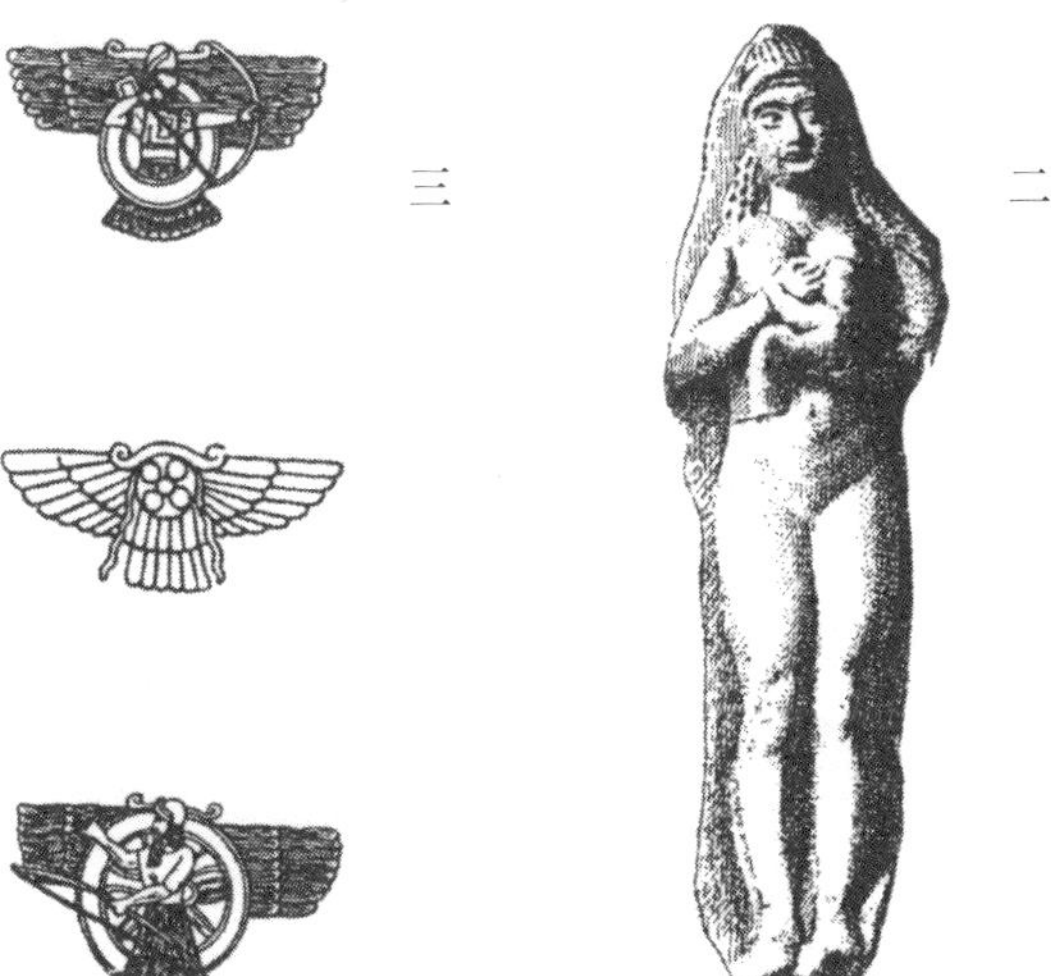

三　　二

Fig. 2, Ishtar, the Mother-goddess

(一) イスタル女神の弓に神紋を表す、アッカド市の神宮では武神とし、後世此の神を金星に配す。

(二) イスタル女神のモデル、スメリアのエレク市の神宮では愛の母神とす、聖母マリアの原型である。

(三) アッシリアの主神アシュア

第十四圖

（一）アッシリアの神巫の神樂と樂器　（二）同　上

Abb, 182, Pauke und Paukenschlager. (Rev. d'Assyr. Ⅸ. Pl Ⅱ i)

一

二

第十五圖

（一）バビロニアの境界標石、日像等の神紋、供物、神使の鳥の類及び神の守護を記す
（二）同上、星月日像の神紋、守護神の像及神の守護を記す

FIG. 1, BABYLONIAN BOUNDARY STONE

一

Abb. 70. Grenzstein des Nazimar-uttase (Déleg. en Perse I, Pl. 14.)

二

第十六圖

バビロニアの境界標石、神紋、供物、神使の鳥、守護神の像及び神の守護を記す

FIGS. 1 AND 2, SYMLOLS OF THE GODS ON BABYLONIAN BOUNDARY STONES

第十七圖

二

FIG. 1, TELE OF NARAM-SIN, KING OF AGADE
(C. 2550 B.C.)

一

FIG. 2, BAS-RELIEF OF NARAM-SIN, KING OF AGADE

（一）アッカド王ナラムシン武裝の圖、東洋の鎧に酷似す　（二）　同ナラムシン敵人征伏圖、上部旭日の紋は菊花紋の原型である

第十八圖

一

二

（一）アマルナ瓦札、古エジプト第十八王朝の王アメノフィス四世（紀元前十五世紀）の都趾エル、エル、アマルナより發見せられたるアマルナ瓦札三百二十枚の一、（二）バベルの塔

第十九圖

（一）テロー（ラガシ市）出土の土器、（二）バビロン市出土の土器、東洋のそれに酷似す（三）バビロニアの瓶棺、

FIG. 1, SPECIMENS OF BABYLONIAN POTTERY (TELLOH)

一

三

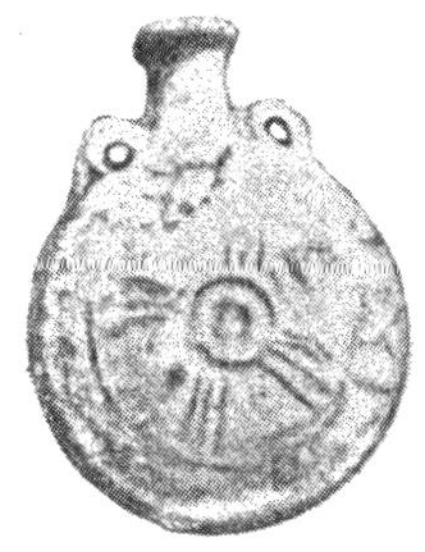

二

第二十圖

（一）バビロン發見の瓶棺　（二）同市發見の石棺　（三）テローの埋沒より發見の墳墓槨は煉瓦にて造る、約紀元前二千五百年

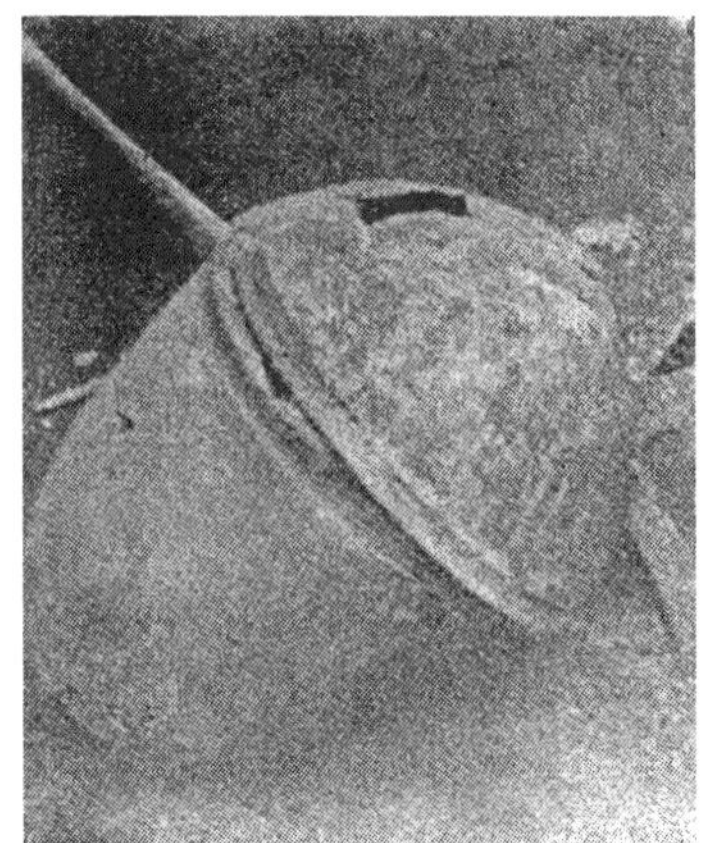

一

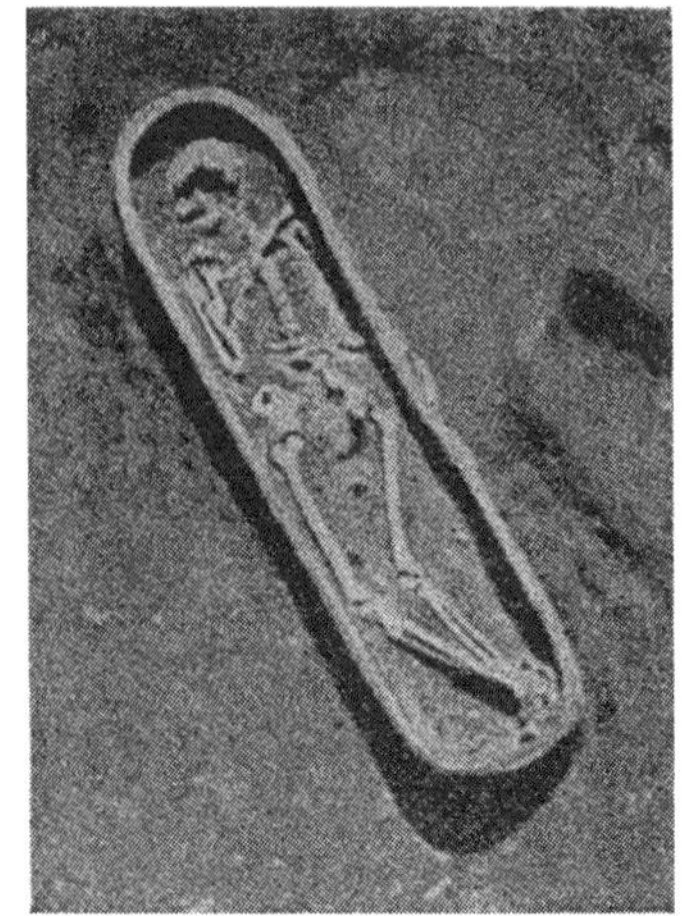

二

FIG. 2, NECROPOLIS AT TELLOH

三

第二十一圖

發掘前のバビロン古趾、山の如きは建築物の崩壞して埋沒せる市街

第二十二圖

發掘中のバビロン市街及びネブカドネザル王宮殿の古趾

天孫人種六千年史の研究

三島敦雄　謹著

第一篇　總論

第一　世界東西文明の大祖スメル人種の大宗家たる我が皇室並日本民族

東方日出の大帝國を經營せる我が崇高無比なるスメラ（天皇）尊を中心とする天孫人種は、世界東西文明の祖人種として、文明創設紀元六千年を有する所謂世界の黄金人種たるスメル系民族である。彼の歐羅巴種族の如きは、其の文明に光被せられたる銀人種である。若し我が天孫人種にして、舊説の如く銅鐵人種たる蒙古、波斯、ヒッチト等の種族であるならば、余輩は固より日本原始史の研究を放棄して顧みないであらう。然るに余が本書を著述する理由は、我が天孫人種は斷じて二千五百年前に於て、これ等種族の如く半開狀態でなく、既に已に憂秀無比の文明人種たる事跡明白なるもの存し、我が神聖なる皇室、古代神社並所祭氏族といひ、帝國傳統の理想信仰たる「神ながらの道」といひ、實に人類文化の祖たるスメル系人種たるの史實と、其の特長たる思想に淵源すること炳焉なるものがあり、從つてこれに因りて金甌無缺の日本國體の表現せられつゝある次第なるを以である。

殊に我が皇室はスメル名稱の本源として、スメル人の大宗家たる君主の御系統たること顯著たるもの存し、且つ「神ながらの道」の理想信仰は、スメル時代より傳統の經國の大精神にして、全く天孫として尊崇せられ給ふ御系統であり、其外多數の同人種系氏族は臣族なること明にして果然日本建國神話と一致し、將又僅に建國以來の君主たるに止らずして、歷史時代に入りても既に六千年を經過し、文字通り萬世無窮の寶祚たるは、本書の著述を速進せしめたる譯である。

抑々天孫人種の本源は、既に遠く有史以前に於て忘失せられ、其の眞相に至りては、遽に揣摩臆測を許さざるものがあつた。從來の研究方法は、神話言語等の類似暗合を以て直にこれを速斷せし嫌あるも、余は我が國體の根源たる皇室並古代神社と創祠氏族とを基柢として、其の祭神、理想信仰、神話、言語、風俗、骨格容貌、美術工藝等を調査し、これを世界に於ける二千

天孫人種はスメル人の系統

日本原始民族構成人種

五百年前の古民族に求め、先づ近く我が神話上に最も有力なる建國人種の本源として信ぜられたる朝鮮種族に接觸するに、一方學者の信じたる豫期に反して何等の感應なく、僅に積石塚種族たるツングース系の後出雲派と密着不離の關係あるを認むるに過ぎぬ。更にこれを南方に求むるも、前印度モン・クメール系種族たる倭人派や、マラヨ・ボリネシア系種族たる隼人派、前出雲派等の現はるゝに止り、これを遠く波斯、ヒッチト、希臘等の舊說地方に探ぐるも、これ亦豫期の反應を認めざるのであつた。

然るに驚くべし、今を距る實に六七千年以前より世界に於ける東西文明の搖籃地として、人類文化の祖人種として、最近世界に有名なる古代バビロニアのスメル人と、中世以降バビロニアのセミチック・バビロニアン人とを研究せしに、恰も磁石の鐵片に觸るるが如く吸引合體し、脉絡相貫通して鼓動を感ずるものがある。

高天原バビロニア說は、既にケンプル氏、原田敬吾氏等の說がある。併し未だ學者の肯定する所とならず、從つて社會の認むるに至らざる譯であるが、若し夫れ日本原始民族を構成する各種族たる、

スメルの地は人類原始的故郷と信ぜらる

天孫人種
- スメル族　古代バビロニア人並中世以降海國を建設せるもの、普通海國人をも總稱してセミチツク・バビロニアンといふも血液思想濃厚である。
- セミチック・バビロニアン族　中世以降スメル・アツカドの總稱にて其一部はスメル・セミツト族の混血人、
- 倭人派……前印度モン・クメール族
- 隼人派／前出雲派……マラヨ・ポリネシア族
- 後出雲派……朝鮮ツングース族

等の言語、信仰、習慣等を以て、古代に於ける多數神社氏族の類を解剖する時は、恰も古鏡の塵埃を拂拭してこれに臨むが如く、僞らざる各種特異の原始姿を影寫するのである。

　人類發生の原所と想像せられたる西方亞細亞のアルメニア高原を水源として波斯灣に濺ぐ、エウフラット、チグリス兩河の平原地をスメル（Sumer）といひ、又バビロニア（Babyronia）といひ、世界東西文明の原所である。舊約全書によれば、人類の始祖アダム、イブはエデンの園に住し、園を繞れる河をユフラットとある。エデンはスメル語の平野の義で、スメルの地方は、エウフラット、チグリス河に圍繞せられてゐた。故にスメルを以て人類最初の家族の起原と成すものである。それは現在の基督教に於ても斯く解釋されてゐる。

バビロニア文明は世界東西文化の基礎

舊約全書には、世界創造を以て紀元前五千五百年（希臘譯の計算）、又は紀元前四千年（ヘブライ計算）とあるが、併しスメル人は、紀元前五千年紀に於て既に巳に象形文字や原始的楔形文字を使用し、紀元前四千年紀に於ては、楔形文字に進み、歴史時代に入りて燦然たる文明を創設した。

バビロニアの文明は、恰も水に石を投げられたる波文の如く洽く人類に惠まれた。美術工藝、理想信仰、法律、天文學、大陰暦、數學、醫學等直接間接世界に光被せられ、東西文明の基礎と成つた。埃及文明は紀元前三千年紀に起り、スメル文明の精神物質共に高尚精緻なるに比し、卑俗粗野であつた。

楔形文字は粘土板に記され、今日までバビロニア及アッシリアの都趾より發見せるもの無慮數十萬個に達し、その神宮文書、圖書館文書は紀元前三千年紀前後のものである。古代より天文字、數學、大陰暦等發達して、一年を十二ケ月に、一日を廿四時に、一時を六十分に、一分を六十秒に區分し、七行星の名に因みて一週を七日と定め、度量衡等も一定した。世界最古の成文法スメリア家族法（實名ウルカギナの法典）は、紀元前二千七百五十年紀の作といはれ、世界最古の大法典たるハムラビ法典（バビロン法典）は、紀元前二千百二十年バビロン第一王朝の七世ハムラビ大王の編纂に係り、この法典を録せる石碑は、第九圖の如く高さ二米突四分一の緑石で、その上部に日神よりハムラビが法典を授かる像を刻し、その下に法文が載せてある。當時法律關係の證書は、信托、組合、倉庫、保險等をはじめ具備せざるなく、殆現代と遜色がないと謂れてゐる。

バビロニアの愛の母神イスタル（istal）女神（第十三圖）は、希臘に入りてアテーナ女神となり、羅馬に入りて聖母マリアに變化されたといはれ、耶蘇教神話の殆バビロニアに淵源することは定說である。その聖書の洪水物語に酷似したる洪水神話の發見は、バビロニア古趾の發掘を速進せしめたる最大の原因であつた。バビロニアの旭光から成る神字アン𒀭の略字たる十字咒符は、後世耶蘇教の十字架、印度のスワスチカ卍、支那の十字咒文の本源である。

スメル國名の起因

スメル國名の起因に就ては、今日の程度では明瞭を缺ぐも、スメ（Sume）はセミット語の神の義で、彼等は紀元前四千年紀にバビロニアの北部に移入して、南部の文明民族の王――所謂神民族の王――スメルの國王は神の權化にて――日神の子火神の權化として、此國土に天降るといふ理想信仰によりて、尊崇してスメ卽ち神といひ、また洲名とも民族名ともなるに至つたと思は

天皇の尊號
皇國

日像鏡
月像頸飾
武神の表像劍
三種神器

菊花紋章

神宮を都市の中心とす

バビロニアの神名

れる。

我が國に於て天皇をスメラ、スメラギと申すスメラは、スメルと同語、且つスメル國と皇國と一致して神國の義であり、天皇を明津神と申すは、スメル語の火神アグ（Ak）ツ神の義で、日神ウツ（Ut）の御子たる火神アグの權化として、この國土に天降り給ふたのである。天皇をスメラギと申すは、スメル（Sumer）、アグ（Ak）の複稱で、ミコト（尊、命）、ミカド（天皇、帝）はセミチック・バビロニアンのミグト（Migut）天降る者の義で神といふ言葉である。

バビロニアの日像鏡（第一、二圖）、月像の頸飾、垂下飾、又は玉製の頸飾、垂下飾（第四、五圖）、武神の表像たる劍（第二、三圖）は我が國の三種神器に一致し、バビロニア及アッシリアの菊花紋（第六、七圖）は旭日の美術化で、我が皇室の菊花紋章に共通する。其の他諸種の徴證に因ると我が皇室は、とに角スメルの大君主たることが肯定せらるゝのである。

古代バビロニアのスメルは都市國であつて神宮を中心とした。固より神裁政治で市王即神宮の長官で、神の權化として神政が行はれた。神宮即行政廳であつて、大學校、圖書館、裁判所、稅務署、銀行、天文臺等が附屬し、都市には必ず主神を有し、天神をアン（An）又アヌ（Anu）、アンヌ（Annu）、海（水）神をエア又ヤー（Ea）、或はアッダ（Ada）、日神をウツ又ウト（Ut）、月神をシン（Sin）、火神をアグ（Ak）、軍神、暴風雨神をアッダド（Adad）、といひ、セミチック・バビロニアン語で火神をナブ（Nabu）、又ギビル（Gibil）、南風神をシューチ（Shuči）、海神をチアマット（Tiamat）ともいふ。楔形文字の一例を示せば下の如くである。

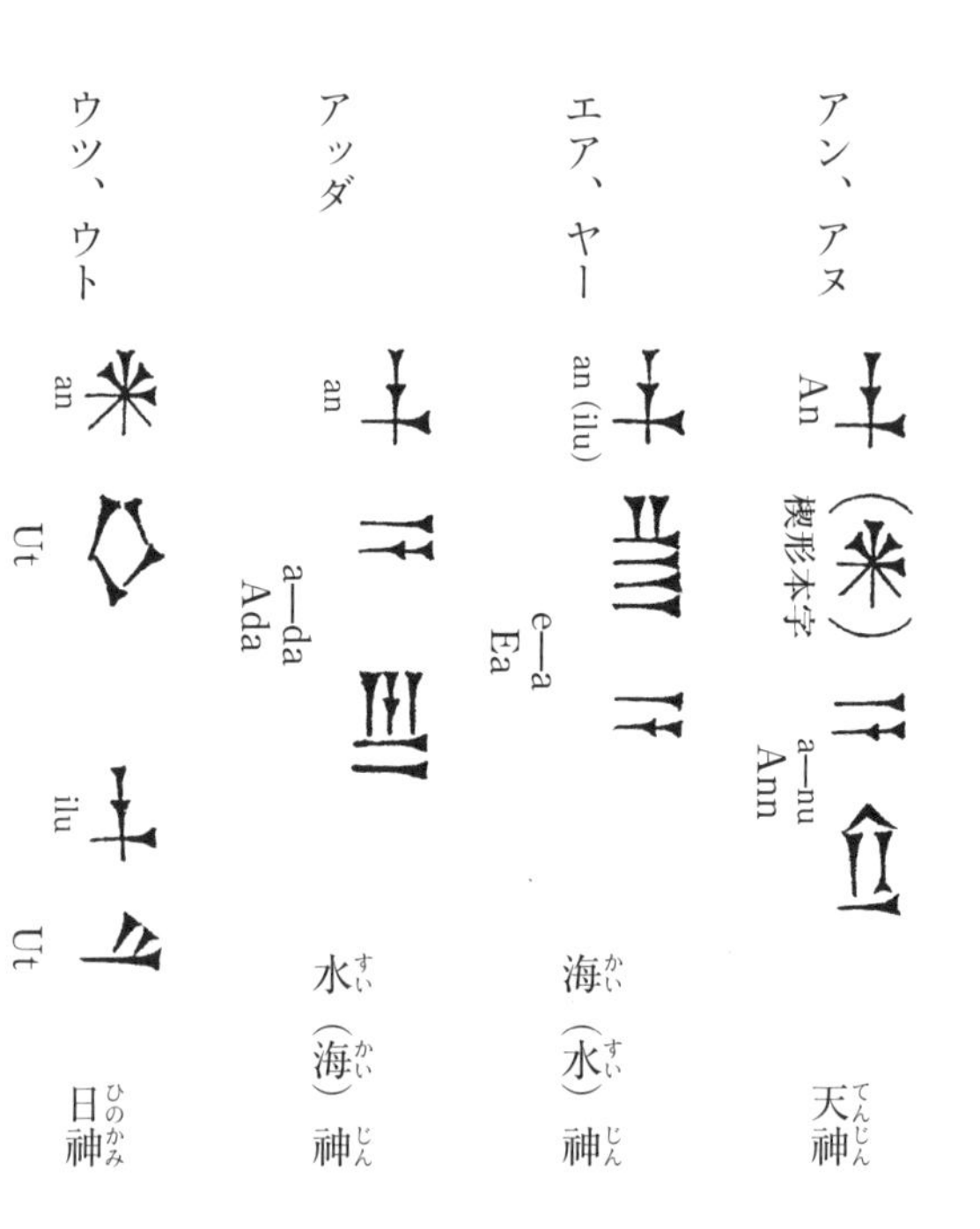

アン（an）は本來天神の義で神の決定詞、イル（ilu）はセミチック・バビロニアン語の神の義

シン　an Sin　月神（つきがみ）

アク、アグ　an Ak　火神（ひのかみ）

ナブ　ilu na—bu Nabu　火神（ひのかみ）

ギビル　ilu Gibil　火神（ひのかみ）

これ等（ら）の神（かみ）は我（わ）が國（くに）に於（お）いても祀（まつ）られた。日神（ひのかみ）ウツ又（また）ウトは、我（わ）が國（くに）に於（お）いてもウツ、ウトといひ、又變化（またへんか）してウヅ、ウチ、ウヂ、ヲチ、ウサ、ウス、ウツシ、ウツツなど唱（とな）へた。

宇津宮（亦珍宮豊後珍彦族所祭）
宇津神社（伊豫小市國造祖所祭）
宇都宮（二荒山神社下毛野國造祖所祭）
宇津宮（穴門國造祖所祭）
宇津佐神（鹿兒島市外鹿兒島神社一名）
男之宇刀神社（和泉）
有度神（駿河庵原國造祖所祭）
珍宮（豊後）
宇豆比古（珍彦）
宇豆比古（菟道彦紀國造祖）
宇豆峯（日向）
韓國宇豆峯神社（大隅）
内ノ宮（伊勢大神宮）
内天神（勢田神宮播社／尾張國造祖所祭）
宇智神社（大和）
宇治神（伊勢宇治土公祖所祭）
菟道彦（紀伊國造祖）
宇治神社（山城）
宇治瀬神（鹿兒島市外鹿兒島神社一名）

ウツ（宇津、宇都）は豊後、伊豫（今安藝）、下野、長門、薩摩等に神社名、地名として傳り、ウト（宇門、有度、菟砥、宇刀）は大隅、駿河、和泉等の神社名地名に、ウヅ（宇豆、珍）は大隅、日向、豊後、大和、紀伊等の神社名、地名、人名に、ウチ（内、宇智）は天孫第一の王都たる薩摩國加世田、第二王都高千穂宮趾たる大隅國鹿兒島神宮の地、伊勢大神宮の稱號等、皇室並天孫族の日神名稱で、神名地名として、この外尾張大和等にも存す。このウチを後世倭人語系統の國語に因りて内外の義に誤解した。ウヂ（宇治、菟道）は伊勢、紀伊、山城、大隅、薩摩等の神社名、地名、人名に、ヲチ（小市、乎致、越智、尾市）は伊豫、大和の人名地名に、ウサ（宇佐）は豊前の神社名、地名、人名に、ウス（宇須、臼）は大和、下野、豊後等の神名地名に、ウツシ（宇都志）は筑前又は信濃に神名として、ウツツ（内々、現々、内津）は尾張、下野、和泉等に神社名、氏族名、地名として殘り、各日神に縁故がある。これ等のウツシ、ウツツは倭人語系國語の現の義に迷誤して轉訛せしに因る。

また海神エア、ヤーを我國に於て變化してヤータ、ヤマダ、ヲヤマダ、ヤマヅ、ヤマト、ヤマキ、ヤ、イヤ、イヨとも稱へた。

小市國造（伊豫）
乎致命（小市國造祖）
長尾市（大和國造祖）
宇佐神宮（豐前）
宇佐都彦
天宇須賣（猿女公祖）
宇都志日金折
命（安曇連祖）
内々神社（尾張）
現々君（下毛野國造族）
正八幡鹿兒島
神社（大隅）
八幡宇佐宮（豐前）
正八幡海神
社（對馬）
大山祇神社（伊豫）
三島神社（伊豆）
大山罪（大水神社祭神）
御祖命（伊勢）
大和神社（大和）

彌彦神社（亦伊夜比古神社越後）

伊豫州（四國）
伊豫二名州
名草神（紀伊國造祖所祭）
大名草彦（紀伊國造祖）
名草神社（但馬）

ヤータ（八幡）は大隅、豐前、對馬等に海神が祀られ、ヤマダ（山田）は薩摩第一王都たる地、大隅國第二王都たる地、伊勢、尾張、長門、信濃等の地名に、ヲヤマダ（小山田）は豐前、筑前の地名に、ヤマヅ（山津）は薩摩、伊勢、伊豫、安藝、伊豆等に於て大山津見神に轉訛せられ、ヤマト（大和）は神名地名に、ヤマキ（山城）は和泉の地名に、ヤ（彌）またイヤ（伊夜）は越後の神社名に、イヨ（伊豫）は四國の總名または國名として傳り、各海神に縁故がある。

スメル語で神の鎭護地をナグ（Nagu）といひ、日神鎭護地をナグウツ（Nagu—Ut）と稱へる。我が國に於てはこれを變じて、ナグサ、ナガサ、ナギサと稱へた。

ナグサ（名草）は紀伊、筑前、但馬等に於て、神社名、地名、人名に、ナガサ（長狹）は薩摩、攝津、安房等に人名地名として、ナギサ（波瀲）はナギサダケ（波瀲武）といひ、卽ち名草嶽、長狹嶽の變で、これを人名として波瀲に誤り、また大長宇津神社（小市國造、祖の所祭）、長尾市（大和國造祖）ともいつた。

事勝國勝長狹
吾田國主
波瀲式鶉草葺不合尊
奈吾屋神社 祭神玉姫駿河
●上名古屋綿神社 尾張
熱田神社
天野祝 紀伊
小竹祝 紀伊
佐良志奈神社 信濃
飽波神社 駿河

海神鎭護地をスメル語でナグヤー（Nagu－Ea）と稱へる。これを我が國に於ては、ナグヤ、ナゴヤ、ナガヤといふ。

ナグヤ（南久屋）は肥前に、ナゴヤ（名古屋、奈吾屋、名護屋、名籠屋）は尾張、駿河、肥前、筑前等に於て神社名、地名に、ナガヤ（長屋）は、天孫第一の王都たる薩摩の吾田の長屋津で、各海神に縁故がある。

水（海）神アッダ（Ada）は、長屋津を以て有名なる薩摩國の古名吾田國に存し、またワダ（海）に變化して和多津見神となり、海神チアマット（Tiamat）はチマト、チマタ、タマトともいひ、海神豐玉彦或は衢神として、南風神シューチ（Shuči）は鹽土神、住吉筒之男神として皇室に深き關係がある。

軍神たる暴風雨神アッダド（Adad）は熱田神として尾張に、天神アヌ（Anu）又アンヌ（Annu）はアノ（安濃）アマヌ（天野）といひ伊勢紀伊の神名地名に、月神シン（Sin）はシヌ（小竹）、シナ（志奈、科、信）といひ、紀伊、信濃等の神名地名に、火神アグ（Ak）は我が國に於ても

阿紀神社 大和
秋葉神社 遠江
飽速玉神 安藝
明石神 播磨
赤坂神社 河内
赤城神社 上野
阿多古神社 丹後
天香山泣澤賣神 大和
韓國嶽 大隅
鹿兒山 大隅
天香吾山命 尾張氏祖
鹿兒島神宮
伊可古夜日女 丹波
天兒屋根命
伊古奈姫神 伊豆
籠神社 丹後

アクといひ、變じてアクバ、アゴ、アコギ、アキ、アギ、アキツ、アキバ、アカ、アタゴ、イクタ、カグ、カラクニ、カゴ、カコ、コとも稱へた。

アク（飽）は火神ギビル族の本據、吉備兒島の地名に、アクバ（飽波）は駿河の神社名に、アゴ（吾、英虞）は志摩の神名地名に、アコギ（阿漕）は伊勢の地名に、アキ、アギ（阿紀、飽、安藝）は大和、安藝の神名地名に、アキツ（明津、秋津）は天皇の尊號、本洲の國號、大和の地名に、アキバ（秋葉）は遠江の神社名に、アカ（明、明光、赤）は播磨、河内、紀伊、上野の神社名地名に、アタゴ（阿多古、愛宕）は丹後、山城の神社名地名に、更に變化してイクタ（生田）は英虞神を祭る攝津の神社名に、カグ（香、香具）は大和紀伊の地名に、カラクニ（韓國）は大隅の山名に、カゴ（鹿兒、香語）は第二の王都たる大隅、尾張氏等の神名地名に、カコ（加古、可古）は播磨、丹波の神名地名に、コ（籠、高、兒、古）は丹後、備前、大和、伊豆等に神名地名として存し、各火神に縁故を有す。また火神は日神ウツの子といふ思想に因りて若狹彦神即ちワカウツ、新田神即ちニイウツとも稱へた。

アグの配偶神タシメーツ（Tasmetum）はタフシ、タフセ（荅志、塔世）に訛りて男神と共に

丹生都比咩神社（紀伊）
丹敷戸畔（紀伊）
若狹遠敷神
奈具神（豊受大神宮古名）
奈具神社（丹後）
名木神社（丹後）
比治麻奈爲神社（丹後）
（信濃）下諏訪神社（春宮）
大玉根神社（周防）
安房神社（安房）
阿波神社（伊豆）
阿波神社（伊豆）
率川阿波神社（大和）
淡路伊弉諾神社
阿波々神社（一名阿波神社遠江）
阿奈波神社（伊豫）

志摩伊勢の地名に、ギビル（Gibil）は吉備、大隅の霧島山に、ナブ（Nabu）は變化してニフ（丹敷、丹生）となり、紀伊、大和、若狹等の神名、地名、人名として傳つた。

其の他スメル語のナグ（Nak）供御、神饌、犠牲の義は奈具神、名木神、奈爲神として皇室及丹後地方に御食津神として祀られ、深淵をズアブ（Zuabu）といふは信濃下諏訪、周防屋代島に各海神が祀られ、海をアアヅバ（Aaduba）といふは、橘に變化して日向の大隅國海三神の原所として傳り、海岸をアハ（Aha）といふは、アハ、アハギ、アハラギ、アハハ、アナバ等に轉訛し、アハ（淡、安房、阿波）は淡路、安房、伊豆、遠江、伊賀、大和、志摩等の神名地名に、アハギは橘小戸の阿波岐原に、アハラギ（阿波羅岐）は志摩の地名に、アハハ（阿波々、鴨波）は遠江、播磨の神社名地名に、アナバ（阿奈波）は伊豫に神社名として殘り、各海神に縁故がある。

また魚をハ（Ha）といふは、我が國に於てハタといひ、鰭廣、鰭狹、八太造、博多津の名に殘り、セミチック・バビロニアン語で魚をヌヌ（NuNu）といふは、我が國に於てヌ（沼、奴、怒、渟）といひ筑前、安藝、備後、伊豫、攝津、伊勢、伊豆等の神社名地名に、變じてナ（儺、難、名、魚）は筑前、四國、攝津等の地名、其の他魚の古語に、ノノ（野々）

日本の國號オホヤマトは海神ヤー
秋津洲は火神アグ
伊豫二名洲は海神ヤーの太魚
筑紫洲は月神

は伊豫の地名及小兒語の神の義に用ひられ、ノ（野）は安藝、伊豫その他に、これ等の語は海神鎮座の緣語として存す。

かく古代に於ける地名人名等は殆祭神名に起因する。日本の大號をオホヤマト（大日本）といふは、海神ヤーの神たる大和國大和邑大和神社に、本洲を秋津洲といふは、火神アグの神たる大和國南葛城郡秋津村の秋津神に、四國を伊豫洲また伊豫二名洲といふは、海神ヤーの太魚の義で、ヤーの神の本國伊豫大三島大山積和多志大神（國幣大社大山祇神社）に、九洲を筑紫洲といふは、隼人、前出雲派の祀る月神たる筑前國筑紫郡筑紫村筑紫神社に起るの類である。

天孫降臨して薩摩吾田の長屋の笠狹に第一の王都を定めらるるに方りて、先着者たる吾田國主長狹（日神）族は、長屋（海）神と長狹（日）神とを並祭し、伊勢國宇治（日神）土公族は、衢（海）神を山田に、宇治（日）神を宇治に並祭し、伊豫國越智（日神）族は、大長宇津（日）神と大山積和多志（海）大神とを、紀伊國名草また宇治（日神）族は、名草（日）神と竈山（海）神とを、豊前國宇佐（日神）族は、八幡（海）神と宇佐（日）神とを、筑前國安曇連名草（日神）族は、綿津見（海）神と宇都志日金拆（日）神とを、大和國珍彥（日神）の裔長尾市（日神）族は、海神たる大和神と日神等を並祭した。之れ等の氏族は日神を以て稱名とした。

海神を祖神日神火神を祖先といふは原始思想

バビロニアに於て日神ウツは海神ヤーの子である。我が國に於ても海神を祖神として主祭するものは、其の子日神名を以て稱名とした。古事記に、安曇連は綿津見神の子宇都志日金拆命の裔といひ、神功紀に磯賀海人名草とあるは、原始思想を傳へたる其の一例である。また日神を主祭するものは、其の子火神名を以て稱名とする例で、天孫人種系の諸氏にして、この三神を並祀せざるものは殆稀である。

この三神並祀は原始時代に屬する氏族であつて、古代に屬する氏族は、日神火神の二神又は火神と海神の分化神たる海神の並祀、或は日神を祭祀する例である。

我が國に於けるバビロニアの神職名

セミチック・バビロニアン語で禁厭を司る神職を、マシ〳〵(MaSiMasi)、又はマシマシユ(MasiMashu)といふ。我が國に於て物部連の祖、饒速日命は禁厭を掌るといひ、其の子宇摩志麻治命は、卽ちマシ〳〵の神名であつて、現に物部神社に祀られてある。

物部の物は朝鮮ツングース語の靈の義、部はマラヨ・ポリネシア語のベト(Bet)雜人の義で、本來前出雲派語の神部と同語、古國語の神祇の職名であつて、斷じて舊說の如く其の語原は武夫の義ではない。

猿女君はシャーイル（Šailu）であつて、神託を求むる神職の名である。天岩戸の神懸神話は符合する。猿女の名の猿田彦神と類語たるに因りて、後世迷誤してこれに關する新神話が構成さるるに至つた。

本來猿田彦のサルはセミチック・バビロニアンのシャール（Šarru）またサルで王の義、海神たる衢神を伊勢山田に神の王として祭りたる名稱である。然るにこれをチアム系古國語のサダル（Sadal）といふ先驅の義に誤解した。

天孫族たる尾張連及吾田の小橋君は、ウバリ（Ubari）の變、神奴の長の義で、神奴たる隼人等を率ゐて天孫及神明に奉仕する名である。猶原田敬吾氏によれば、中臣はナグツアミル（Nak amir）で神供を掌る神職、忌部はエンベル（Enbel）で祓詞を讀む神職、大久米命のクメ（Kme）はスメル語の武具の義で武人の稱である。

殊に皇室に於ては本來海神たるヤーの神、日神たるウツの神、火神たるアグの神、御食津神たるナグの神、草薙劒たる軍神アッダド等を並祭せられた。崇神天皇の朝に諸神を宮中より分離して、日神、火神、御食津神、軍神等を大和笠縫邑に、海神を大市の長岡岬に、尋で大和邑に遷され、垂仁天皇の朝に日神をば倭姫命によりて、本來伊勢宇治土公が日神を祀る宇治に鎮座せしめられた。この日神の鎮座地に更に皇室の日神を鎮祭せられたる偶然の事實を、古典には幽契神話として構成せらるるに至つた。

外宮を先づ祭祀せられ陛下の先づ御參拜ある原因

當時伊勢山田には本來宇治土公によりて海神たる衢神を祀られ、この神は垂仁帝の朝に至り、威を振ふ宇治土公と共に沒落した。併し最初は海神を祀られたるも、海神の信仰衰へて、雄略天皇の朝、曩に皇室に祀られたる御食津神奈具の神鏡を大和三諸宮より山田へ移祭せられ、稍後世に至りてチアム語卽ちマラヨ・ポリネシア系の國語の御食津神たる豐受姫神の名を以て申さるるに至つた。古來大神宮の祭典に先づ外宮を祭祀せられ、また天皇皇后兩陛下の先づ外宮に御參拜ある理由は、本來外宮――海神名たる度會宮は、日神の御親神たる海神の祀られたるに原因する。我が國の神話に日神は伊弉諾神の子とす、淡路伊弉諾神は本來海神なるが故に一致する。

スメル人の宇宙觀

バビロニア人の宇宙觀として天海地の三界あり、天神アヌは最古の神であるが、海の世界より地の世界と太陽界とを生じた。卽ち海神ヤーは地神エンキ（Enki）の神徳を兼ね、後、分化して地神エンリル（Enlil）の父――大地の母神となり、又日神ウツの父神であつた。我が國の神話に淡路伊弉諾神が先づ地神を生み、最後に日神を生れたといふ思想と符節を合するが如くである。

かくて奈具神を豐受姫神に變稱せられたる時代に於て、ウツ（ウチ）の神を倭人語、韓語、チアム語等の混成國語を以て、大日孁貴とも天照大神とも稱へ奉るに因りて、天孫人種の言語は裏面に埋沒せらるるに至つた。

從つて諸國に於けるウツの神を、倭人語韓語のヒメ（日女、比賣、賣、姫）、ヒルメ（日孁、比留女）卽ち日の女神、ヒコ（日子、日高、彥）、ヒルゴ（蛭子）卽ち日の男神、またヒロ（廣）と呼び、後世日本書紀、古事記の編纂當時に於ては、日子日女を多くは男女の稱たる彥姫に誤解して記載せられ、また火神アグ、ナブを稚日女といひ、これを單に日女（比賣）とも稱へ、或はヒ（火、氷、肥）、ヒラ（枚、平、比良）、ヒリ（比理）、ヒナ（夷、雛、比奈）ともいひ、後世蛭子の日神たるを誤りて無骨兒として神話を構成し、夷神のヒラ、ヒリと同語火神たるを忘れて、蝦夷に著想して惠美須、惠比須と誤讀し、或は隼人派、前出雲派語を以て、ホ（火、穗）、ホホ

天孫人種語の變化

向津比賣神（廣田神社）
姫神社（攝津住吉神社）
比賣神社（宇佐神宮一名）
姫大神（大和神社攝社）
比賣神（春日神社 枚岡神社）
愛比賣（伊豫國一號）
賣太神社（大和猿女君所祭）
下諏訪賣神（秋宮）
市杵島姫神（安藝）
吉備津彥神社
伊豫津彥神社
宇和津彥神

社（伊豫）
國津彦神社（伊豫）
蛭子宮（廣田神社一名）
廣田神社（攝津）
若狹比賣神社
伊豫津比賣神
氷丘（播磨鹿兒丘）
枚聞神社（薩摩）
枚岡神社（河內）
天比理刀咩命
神社（安房）
夷宮（廣田神社末社）
夷守岳の夷守
神社（霧島別峯）
鉾社（攝津住吉末社）
御鉾神（小市國造族所祭）
天蕤桙命（伊豆國造祖）
矛峯（高千穗山一名）
穗高嶽（信濃）
穗高見命一名
穗己都久命（安曇連祖）

日本の國號大倭の一稱日高見國は日神國の義

日本語の複雜

高天原說

（火火）、ホコ（火子、鉾、矛、穗己、穗高）、ミホコ（御火子、御鉾、蕤桙）といひ、火子を夙に武器の鉾に迷誤し、或は穗高をホダカ、日高をヒダカ、日高見國をヒダカミの國と訓みて怪しまざるに至つた。故に日本書紀、古事記等の新神話を以て直に人種を決定すべき資料と爲すは極めて危險であるが、併しその創祠氏族と比較するに於ては、實に爭ふべからざる明白なる事實が潜在するのである。

バビロニア語の現存するものは神名職名の他に名詞が少くない。併し和歌言葉及俗語は主として倭人語、隼人前出雲派語系統の國語であつて、これ等の比較的幼稚なる言語では、到底高遠なる理想信仰を謂ひ現すに餘りに困難である。とにかく文明人種たる天孫人種語でなく、且つ從來日本語に非難ある所以が察知せられる。加之日本語は日本民族構成人種の複雜なるが如く雜多ならざるを得ない。然るに古來學者は殆モン・クメール系倭人語、またはマラヨ・ボリネシア系隼人、前出雲派系統の言語と思想とを以て一切の解釋を試みつゝあるは實に驚かざるを得ない。

古來我が建國人種の希臘、ヒッチト（小亞細亞）、波斯等の說あるは、言語神話の類似に因るものであるが、その類似の原因は、つまり希臘の文明はバビロニアの光被であり、その他周圍諸國も傳播したるに原因する。バビロニア語と楔形文字とは、紀元前十五世紀比に於て埃及、小亞細亞、シリア、アルメニア、エラム等諸民族の日常記錄は勿論、外交文書は必ず之に因る例であつた。埃及より發見せられたるアマルナ文書（第十八圖）は當時の外交文書である。故にその希臘、ヒッチト、波斯等の說は、本體を逸して末尾を捕ふるものである。

從來高天原說は國內說と國外說とあるが、固より高天原は理想世界であつて決して地上では無い。假りに天孫人種の祖國の意味に於ける高天原は、バビロニアのスメルであつて、日神をウツと申した。併し大日孁貴崇拜民族たる後出雲派の故國は朝鮮であるが、斷じて地上の高天原では無い。皇孫瓊々杵尊はスメルの日神神宮名を負ふ御名であるが、彼の大日孁貴、一名辛國息長大姬大目命の子といふ天忍穗耳尊は、朝鮮ツングース系の神話神であつて決して天孫に關係を有たぬ。

スメル人のバビロニア定住

スメル人の人種學的系統は不明であるが、言語は漆著語で、ウラル、アルタイ語系統なれども文法上の構成を異にする。原住地は明かでないが、今を距る一萬年乃至八千年前に於てバビロニアの地に移住して、漸時部落生活から市王國を建設するに至つたと信ぜらる。

スメル國の沿革

スメルは市王國の集團であるが、文明創設以前より宗主權を有する帝王がゐたと想像せられる。スメル文明の劃期的年代に就ては、都趾出土品、瓦板に彫刻せられた楔形文字の記事、スメル時代及びバビロン第一王朝以後に於ける都市修築の碑文等に因る推定であつて、殊に未發掘の都趾甚尠からざるが故に、固より正確を缺く譯であるが、其の學說に因れば、紀元前四千年紀に文明が起り、三千四百年以前をファラ發掘品時代といひ、三千年紀ラガシ時代前にキツシユ王メシリムが、スメル地方の宗主權を振ひ、三千年紀にラガシ王ウルニナが宗主權を執りスメル王であつた。其の系統はウルニナ王の子アクルガル王、其の子エアンナツム王、其の子エンテメナ王、この後四代の王があつたといはれてゐる。

　第十一圖の一、ラガシ王ウルニナの繪馬は王の頭へ籠を載せて、守護神たる日神ニンギルス神宮造營に親ら勞働する模樣で、竣工には報告祭が行はれ、祝杯が擧げられた。王の次は妃で其の他は王子である。

　第十圖の一、銀の瓶はエンテメナ王がニンギルス神宮に捧げたもので、世界工藝美術史上最古無比の優品といはれ、其の銀瓶の獅子の顏を有し、獅子を攫む鷲はラガシ市の標章である。

　二千七百五十年紀にはキツシユ王ウルカギナが起り、最古の成文法ウルカギナ法典は王の編纂に係り、尋でウムマ王ルガルザギシが王位に卽きエレクに奠し、その勢力は地中海々岸に及んだ。これより前、紀元前四千年紀比アラビアの遊牧蠻族の大部隊北部バビロニに移入して、スメル人の文明に化せられ、當時に至りアッカド市地方はセミット種族の占むる所となり、二千七百五十年始祖の王をシャルギといひ數代を經て、血統絶え、二千六百五十年紀にシャルガニシャラリ（サルゴン大王）がアッカド王朝を建て、其の子ナラムシンは全世界の王と稱せられ、版圖は地中海方面に及んだ。サルゴンはスメル人のニップル市のエンリル（Enlil）をベル（bel、主神、最優者）として崇拜した。ナラムシの死後約二百年間はバビロニアの暗黒時代で、二千四百五十年に至り再びラガシ王が覇權を掌握する所となり、其の英主をグデア王（第十一圖の二）といふ。

王は靈夢に因りてヱラムのアンシヤン地方を征し、之れが戰捷報賽の爲に女神ニナの神殿を建立した。石材はシリアより、金銀その他の貴金屬はアラビア（?）より、木材はアマヌス、レバノン山に採り、アスファルトは北海より運んだ。

嗣子ウルニンギルスの時、二千四百年ウル王朝起りて宗主權を執り、二代の王ヅンギは全世界の王と稱し、また「スメル及アッカトの王」とも唱へ、二千三百五十年イシン王朝起り、第七代ウルニニブに至り、シリアのアラマイ人と呼ばるるセミツト族の侵入に因りてスメル人の王は滅亡するに至つた。時に紀元前二千二百五十年であつた。

スメル人の都市王國は、封建制度で小國が團結して王國に反對したる事蹟は、ラガシやニツプルの古碑等に因りても知られるのであるが、併し宗主權移動說の如きは殆推想說なることを一言斷つて措く。

スメル文明は土地の環境にも原因する

スメル人が世界文明の祖人種たる名譽を負ふに至れるは、固より人種的優秀に在るも、亦その土地の環境にも原因する。蓋しエウフラット、チグリス二河の汎濫旱魃の二大期は理智を開發し、土地の肥沃は物資を充實せしめ、相俟つて文明の創造を可能ならしめた。後世ながら希臘の史家ヘロドートス紀元前五世紀の頃、自らバビロニアに旅行して、

バビロニアの全土は埃及のやうな運河が縱横に通じてゐる……其の運河はエウフラット河から他の一河チグリス河に連らなつてゐる……我れ等が見聞したあらゆる國々の中で、バビロニアの如く豐饒なる地は他に見當らない。實に無花果、橄欖、葡萄等及びこれに類せる樹木を生ぜすといふことなく、穀物は最もよく出來て、普通の二百倍、多いときは三百倍にすら至ることもある。小麥や裸麥の葉の廣さは屢々四指に至る程である。

バビロニアの本國はスメルアッカドの二州より成る

アッカド州の都市名
スメル州の都市名

と以てその一斑が察知せられる。

バビロニアの本國は、スメル時代の中期以降、スメル、アッカドの二州に分たれた。本來スメル、アッカドは、スメル族とセミット系種族との區分の稱であつた。

ハムラビ大法典の冒頭に「われは牧民の司なり、救世の主なり……わが懷ろにはスメル、アッカドの民を育くむ」。また新バビロニアを征服したる波斯王キロスの自筆碑文（紀元前五百四十年比）に「朕はキロスなり、朕は軍隊の大元帥にして、又バビロニア王、スメル王、アッカド王位を兼ぬる者、即ち四國の大王にして……」とあるによりて知られる。

アッカドは北部バビロニアに屬し、アッカド、シッパル、クタ、キシ、オピス、バグダド、バビロン、ボルシッパ等諸市の總名である。スメルは南部バビロニアに屬し東北方の住民をキウリと呼び、南方平地の部族をケンヂと稱へ、ラガシ、ウル、エリヅ、ラルサ、ウルク、ニップル、イシン、ドールイルへ、エレク、ウムマ、アダブ（アダバ神話の出處で、舊約全書の人類の祖アダム說話の原所）等諸市の總稱である。就中高度文明はラガシを第一とする。

スメル國名の原所は明でないが、アッカド國名の本源はアッカド市であり、バビロニア國名の起因はバビロン市で、波斯時代に稱へられた。尤大國名となりたるはそれ以後である。

バビロニアに於ける各都市には、市の主神があつて、其知られたるものは下の如くである。

ラルサ市	ウツ (Ut)	日神
ラガシ市（テロー）	ニンギルス (Ningirsu)	日神
ウル市	シン (Sin)	月神
エリヅ市	エア (Ea)	海神
ドールイルへ市	アヌ (Anu)	天神
エレク（ウルク）市	アヌ (Anu)	天神
ニップル市	エンリル (Enlil)	地神
ボルシッパ市	ナブ (Nabu)	火神
キシ市	ザママ (Zamama)	日神
シッパル市	シヤマシユ (Šamas)	日神
アッカド市	ネルガル (Nergal)	日神
バビロン市	マルヅーク (Marduk)	日神

光明教と日本神道及國民性の一致

産靈神は生々化育の神で生産をセミチック・バビロニアンでムチプといひ倭人語にてもムスといふ

其のニップル市エンリル神以上はスメル地方に屬し、スメルの神で、中世バビロニア時代に於て荒廢に歸したるもの甚尠くない。ボルシッパ市のナブ神以下はアッカド地方に屬し、セミット系統の神である。日神の如きは各市に於て名稱を異にするも、その本名はスメル語で、ウツ（太陽、日神の義）、セミット語では、シヤマシユ（太陽）といひ、また月神はスメル語でシン（月、月の神）、セミット語でエウルマシユ（月）といつた。

エリヅ海港の主神は海神ヤーといひ、其の地の日神ドムーヅ Domudu（深淵の子の義）は、ヤーの子であるから我が國の傳說と合致する。併しウル市に於ける日神は、月神シンの子であるから我が國に於ける海神と日神とを並祭する氏族とは、其の信仰を異にする。

エリヅ海港の主神ヤーの本宮は、光明教であつて、ヤーの神は生命の神、文化の神、慈悲の神、醫藥の神、悪魔祓の神として、光明の方面は總てその神性に屬した。其の子日神ドムーヅも生命の神として光明の方面を掌つた。日本の神道及國民性が比較的人生の闇黑面を凝視せずして光明を尊び、樂天、快活、淡泊であり、殊に天照大神天岩戸隱れ神話の「大晴れ、あな面白、あな樂し、あなさやけ」の感情の如きは、必ずスメルの光明教に遠因するであらう。とにかく神道が現世教で、生命の神、生成化育の神たることが一致する。

スメル時代神宮の構造風俗習慣の酷似

左右尊卑思想の一致

スメルの後期に於ける神宮は必ず三層乃至七層の高塔を建て、神宮の傍に王宮があり、王をパテシ（祭主にて國王）といひ、又ルガル（王、本來偉人の義）といひ、世襲の官職で祭政一致である。神に直接の奉仕者は女子であって、我が國の齋內親王の習慣に合致する。神話に因るにイスタル（istar）女神の装飾は、冠、耳飾、頸飾、胸飾、安産の石を綴れる腰帶、手足の飾、腰裳等がある。我が古俗と異らざるばかりで無く、安産の石を綴れる腰帶は、神功皇后征韓の際、懷胎に方り石を以て腰に挿み給へる思想と符合する。

バビロニアに於ける左右尊卑の思想は、其神座の順序、男神右（向って左）に女神左、また王は右（向って左）に妃王子は左であるから右上左下と知られる。我が國に於ても古代創祠に係る、天孫人種系神社の神坐並 社殿の順序は、擧って右上左下である。然るに中古の初期比に於て朝廷の儀式は、左上右下に變改せられ、従って現在神社祭式も亦これを踏襲したる譯であるが、實際神座の位置と矛盾するのである。今日も南洋人種には、左右尊卑の思想は絕對に有しない。僅に酋 長は、中心又は前面に位置するに過ぎぬ。日本に於ける原始時代のマラヨ・ポリネシア系前出雲派の神社や、ツングース系後出雲派等の神社には、左右尊卑が判然しない。

バビロン第一王朝

紀元前二千二百五十年セミット族たるアラマイ人のバビロニアに侵入して、スメルのイシン王朝を倒し、初代の王をスムアビといひ、六代にしてヱラムの一部將ハムラビに統一せられバビロンに奠都した。時に紀元前二千百二十三年でスムアビより七世に當る。これをバビロン第一王朝といふ。史的年代の明になりたるはハムラビ以後である。

バビロンの名は、サルゴンの時に初めて見え、本來その古名はスメル語でチンナル činčil「生命の森」と謂はれた。バビロンの名義はヘロドートスの見聞記に「バビルで、バビロンの大神殿は、アラビア人が一般にバビルと呼んだ巨大なる丘陵に類する名からである」といひ、或はバビイルで、バビは門の形、イルは神の義とも解せられる。楔形文字で、

Bābili
BABYLON

その第一字は門の象形字、第二字は神の字で、又

一夫一婦主義はスメル人の理想

Babili
BABYLON

と書く、これまた同字であるから、字義の點よりするも後説を可とする。前者は古字で後者は新字である。いづれにしても其地の主神ベル（Bēl）の神殿から名付けられたるものである。ベル（主神、最優者、神の王）の神殿は、バビロン市のエウフラット河の右岸に在りて、外面四方階段より上方に登る構造である。舊約全書のバベルの塔（第十八圖）は此の神殿を指すものである。

ハムラビ大王はバビロン大法典を編纂し、當時封建制度を郡縣制に改革して統一し、又宗教を革新して、バビロンの主神マルヅークが「神の王」となつた。ハムラビ法典は、スメル時代よりの慣習法に因りて、一夫一婦主義を規定し、第二妻を嚴禁した。我が國に於て天孫降臨に方り、國神（隼人前出雲派、後出雲派等）は多妻主義であるが、天孫は一夫一婦主義なることが一致する。神話に美醜を以て云々とあるは說話の變化に過ぎぬ。古代の世界に於てスメル人を除くの外は、總て一夫多婦主義又は多夫一婦であつた。後世基督教の一夫一婦主義は、勿論バビロ

スメル人海國建設の動機

スメル文明の退化

スメル語の廢絶

スメル人の記字法は東洋流

ニアの思想に淵源する。

　バビロンの主神マルヅークが最高神となるに至りて、エンリル、アヌは權力を讓り、エアは隱れて助言者となり、マルヅークが、ウツ、シン、アッダド等あらゆる諸神の神格を包容して益々一神教的傾向を現しモゼス教、基督教の先驅となつた。

　ハムラビ大王の子サムスイルナの時、紀元前二千百年スメル族のリムシンを倒し、スメルの王族臣民は難をカルヂア及び波斯灣に逃れて海國を建設し、時機の到來を待ちたれば、ラガシ、エリヅ等海岸都市の復活は侵入を虞れてこれを荒廢せしめた。

　當時に於ては既に高尚なる古代スメル時代の文明は退歩し、宗教も卑俗となり、藝術品も粗雜となつた。スメル語の如きも神聖語を除くの外は、殆ど廢れてセミット語の專用となり、(但海國は此限にあらず)。楔形文字の記字法の如きも、其の發明者たるスメル人は、本來東洋流に右記竪行に記したるも、セミチック・バビロニアン人は、西洋流に左起横行に記することに變改した。

カシット王朝

アッシリア時代

スメル人の海國バビロニアアッシリア封鎖

新バビロニア王國

紀元前二千年紀に至り、北方高原に住む山住民カシット人（セミット族）侵入して、第一王朝を倒しカシット王朝を建設した。アッシリアは暫くバビロニアの屬國であつたが、紀元前千二百二十五年興起してバビロニアを征伏した。これよりアッシリア時代といひ、其の版圖は埃及に及んだ。

スメル人は紀元前二千年紀の前半よりエウフラット河口 卽 波斯灣頭に海國（マートタームチ）と呼ばれる特種の國家を起し、バビロニア、アッシリアを封鎖せしが、紀元前約六百九年に至り、カルヂアのナボポラッサルが、メヂア高原の王キアクサレスと同盟して、アッシリアの討伐に方り、海國の人士は之れを援けて、國都ニネベを攻擊すること二年にして陷れ、紀元前六百六年新バビロニア王國を建設した。ナボポラッサル王は、其の子ネブカドネザル（原名ナブクヅリウズル）をして埃及を討たしめ、尋でネブカドネザル王位を嗣ぎて、猶太の叛くに方り國都を陷れ王及貴族を擒にした。當時バビロンの强盛榮華は古今に冠絕すと稱へられた。

其の子第三世ナボネドス王は、敬神の念極めて厚く神宮の修築甚だ尠くない。然れども王は迷信的文弱にして尙武の氣象に乏しく、紀元前五百三十九年波斯のキロスサイラス王の侵入するに方り、僅に其の子ペルシヤザルをして、之をれ邀擊せしめたるも、マルヅーク神宮の神官等

バビロニアの荒廢

の內通に因りて生擒せられ、ペルシヤザル敗死して遂に波斯の版圖に屬し、後、アレクサンドル大王波斯を亡し幾千もなくしてバビロニアは荒廢した。紀元前三千年紀の海港エリヅは、現今に於ては海岸を距ること實に百二十五哩の陸上にある。バビロニアの家屋は、古代より煉瓦と之れを接合するにアスフアルトを用ひた。其の事實は創世記にも記されてゐる。第二十一圖は崩壞して土砂に埋沒したるバビロン古趾で、第二十二圖は、發掘中の同市街及びネブカドネザル王宮殿の古趾である。

バビロニア人の他郷移住の機會

海國建設と天孫人種諸氏の海神祭祀の關係

バビロニアの政治的興廢は常に窮りなく、スメル王族及びセミツト化したるスメル人の他郷移住の機會は、原田氏も說かれたる如く、バビロン第一王朝の興起、新バビロニアの滅亡に方りて、避くべからざる運命であつた。殊に永く海國を建てたると、日本に於ける天孫人種系氏族の擧つてエリヅ海港の主神ヤーの神を祖神として祀りたるとは、極めて深き由緣があるであらう。近古日本海賊（水軍）大將軍の本據地たる伊豫三島水軍の祖、小市國造の曩祖が、原始時代に於て海神を祖神として瀨戶內海中央の咽喉部たる伊豫二名洲（海神名）の大三島（古名野々島——奴々島——海神の島）に、日神たる宇津神を大長島（神の鎭護地の義）に並祭し、古代より水師を以て奮鬪せるが如き、或は海人部の宰領たりし安曇連の本據を儺國（古名奴國——海神國）といひ、海神を祖神と祀りて活躍せるが如き思想は、必ず遠く海國時代に淵源するであらう。

我が國に於けるバビロニア系氏族

バビロニアの海國時代比に於て我が國に先着のバビロニア系氏族には吾田國主長狹族、伊勢國宇治土公族、伊豫小市國造の祖越智族、紀伊國造の祖名草族、豐前宇佐國造の祖宇佐族、筑前儺國安曇連の祖名草族、大和國造の祖珍彥族、物部連の祖宇摩志麻治族、紀伊國天野族、小竹族等の類がある。尋で天孫に陪從したる氏族には、忌部、中臣、猿女等の神官と久米等の武人がある。其の他安藝國造、伊豆國造、穴門國造、駿河庵原國造、伊豫風早國造等の祖、及び和泉國茅渟族、淡路國淡族、阿波國日鷲族、尾張名古屋族、信濃國更科族、下諏訪族、播磨國加古族、古吉備族、備後國沼名前族、周防國大玉流族、筑前國名籠屋族、對馬海族等の氏族も、多くは此の前後の到着か又は分派である。

東洋移住は海路

天孫人種の東洋移住は勿論海路であつた。それは天孫人種は殆擧つて海神を並祀し、殊に皇室に於ては、シユーチ（南風）の神たる鹽土神（住吉筒之男神）に其の關係最も深く、且つバビロニアの古跡より印度の鐵木、支那のコバルトを發見するに因りて其交通が證せられる。

スメル人のタイプ

セミット人のタイプ

スメル人は黄色人種に近似し、豐圓なる顏面に彎曲せる高き鼻と、世界人類中最大の眼とを有し、全く特異なる容貌で、黑色波狀毛、短軀である（第十一、十二圖）。セミット人は白色人種に屬し、瓜實形の顏面に隆鼻大眼、黑色波狀毛長軀である（第十二圖の二）。我が國に於ける猿田彦神の神話及び其裔といふ宇治土公は、高鼻を以て有名であり、大久米命は大眼玉を以て知られた。現に彎曲せる高鼻隆鼻のタイプは日本人に尠くない。セミット人と同種族たる猶太人に、黒髪黒瞳子と金髪碧眼との二流があつて、我が國の田舍に金髪又は碧眼の者が稀に在る。

我が皇室に於ては本來スメル系統の諸神を祀られ、スメル語の火神アグを以て御名とせられた。彼のセミチック・バビロニアン諸王が、セミット語の火神ナブ（Nabu）を名稱とし、セミット系統の神を祀りたると根本に於て相違するが故に、我が皇室は斷じてセミット人に屬する新バビロニア王族などでは在らせられずして、彼のスメルの大君主として、スメ即ち神として、明津神即ち火神アグツ神として、天降り給ふ天孫として仰がれ給ふ御系統なることが想定せられる。

スメルの都市王室は、バビロン第一王朝ハムラビの時、封建制度を改革して、郡縣制となすに方りては、祭政分離せる如しと雖、當時社會の事情より推測するに、尚王名を稱せられ且つ神宮の祭主たるは想像に難くない。都市王室の永續したることは、北部バビロニアに接するニップル市の銀行兼問屋業ムラシユ組合の如き、紀元前二千百年バビロン第一王朝時代より連綿として營業を繼續し、紀元前五世紀なる波斯時代に至りても尚繁榮したる事實に據るも決して推斷に難くない。併しスメリア諸王は第一王朝の時に、殆滅亡して海國を建設したるが故に、スメラアグの尊を中心とするスメル人は、或は海國人士なるやの疑がある。尤スメルの都市に於て王名を稱へ且つ神宮の祭主たり得るが故に決して妄斷を許さぬ。

我が國に渡來の諸氏中には、市王の後裔存在せるものありと假定するも、固より理想信仰の超越し、一般よりスメ卽ち神として崇められ、遂に民族名とも國名ともなるに至れる大宗家たる王室の尊嚴なるに比すべくも無い。

南九洲に於ける皇室の御遺跡

南九洲に於ける皇室の御遺跡は、第一の王都たる薩摩國加世田の內山田、第二の王都高千穂宮の趾たる大隅國西國分村內山田に炳然たるものが存在する。然るに考古學者の說に、隼人族の割據したる地方には、優等種族に特有なる遺蹟なく、遺物なく、風俗言語も異なりて、天孫降臨の如きは、上古蒙昧なる時代に於て邊陬の地に事跡を假託せるもので、決して史實にあらずと說き、これを抹殺し去るのである。

併し此の說の論據とする所は、南九洲に於ける古墳の仁德帝以後の新塚なることを唯一の理由とするものなるが故に、我が天孫人種を以て積石塚種族なりと推測したる論であるが、積石塚種族は曲玉を裝飾とする朝鮮ツングース系後出雲派の風俗であるから、古墳の遺蹟を以て論證せんとするは、全く天孫人種を以てツングース種族としての想定說となるのであるが、併し我が天孫人種は斷じてツングース種族で無く、バビロニア系統である。スメル人の貴族は第二十圖の三、テロー發掘の如き槨葬で、セミチック・バビロニアン人も第十九圖の三、第二十圖の一二の如き石棺、甕棺を用ひ、積石塚の風習は絶對に有しない。南九洲に最古塚墓の存在せざるは此の理に外ならぬ。勿論天孫人種も後出雲派の風俗を踏襲して、積石塚を築造するに至れるは爭はれぬ事實であるが、南九洲に於ける塚墓の新しいのは、後出雲派の移住、又は其風俗移入の比較的後世なりし理由を物語る資料としかならないのである。又その風俗言語を異にすといふも、現にバビロニアの神や言語は、第一第二王都たる地方に明確なるものが存在するではないか、固より隼人國はマラヨ・ポリネシア語が主語であり、畿内中國地方は倭人語が主語であるから、此説の如きは迷妄たるに過ぎぬ。

又曰く、天孫は神なり人なるにあらず、降臨は天より地に降るなり、海を渡りて移住するを謂ふにあらず。神たる天孫日向に降り、宮居を設けて三代の間此處に鎭り給ひしは、神話なり史實なるにあらざるなり（バビロン學會々報）と、併し此の説の如きは、史實をも神話と同視せんとするものである。成程神話の多くは事實ではないが、天降神話には兩面觀がある。卽ち天孫は信仰上からはアグツ神であらせらるゝと共に又史的實在であらせられる。それはスメリア王は神の權化として、此の國土に天降れるものと信ぜられ、我が國に於ても同一の思想なるが故に、王卽神であるから皇孫卽神たるに何の不思議もあるまい。然ればバビロニア王が火神名を稱へ、我が國に於ても皇孫以下歷代火神名を以て稱號とせらるる譯なるが故に、其の理想信仰たる日神の御子火神が高千穗峯に天降神話の如きは、本來スメル國に於ける天降神話であつて、それを史實と一致を求むるが爲に、我が國の高千穗峯に假託したに過ぎぬ、故に天降神話は固より信仰たると共に、又其の半面には生神たる火神が海を渡りて、降臨し給へる史實の伴ふことを見逃してはならぬ。

或は又曰く、ツングース・カラ系が出雲派で、ツングース・ウスリ系が吾田派火闌降家で、長屋の主神は、他國に於けると違ひ日神大日孁貴大神である（史學雜誌）と、併し火闌降系の吾田派は、天孫族たるスメル系統であると共に、吾田の長屋には、前には國主長狹によりて長屋神と長狹神を、後には皇孫によりて內神と山田神が祀られた。日神を日孁といふは、モン・クメール語並その系統を受けたる韓語の古國語であつて、吾田の長屋地方には、ウツの神の祀られたる事跡赫著たるも、日孁神は決して祀られたる形跡が存在しない。

高千穗宮趾

第二王都として神武天皇に至れる日向高千穗宮は、皇國の稱號を負ふ古代日向國たる大隅の官幣大社鹿兒島神宮の所在、內山田の內、鹿兒山の地であつて、今の日向國宮崎は神武東上の際の行在所であつたと想はれる。

神武天皇東移途次の諸氏

神武天皇の東移に方り、途次先づ珍彦族に倚り、次に宇佐族、崗水門族（名籠屋大濟にて名籠屋族、今、戶畑市の名護屋）安藝族、古吉備族を經て山城水門の茅渟族の先導に因り、南紀を

天孫の天降は武力侵入に非ず

日本人種構成の種族と所祭神

各種族渡來の推定年代

アイヌ族三千五百年乃至四千年

ケタ族三千二百年

倭人族三千年

隼人前出雲族二千八九百年

後出雲族二千六七百年

天孫人種二千四五百年

日本民族は特異の結晶

廻りて大和に入り給ふた。これ等の諸氏は擧つて天孫人種であつた。

天孫降臨前に於て討定の爲め建御雷神を出雲に派遣の神話は、ツングース系後出雲派、對チアム系前出雲派に關する説話で、決してスメル系統に關與しない。天孫の所謂天降は斷じて武力侵入では無い。天孫は同人種たる吾田國主長狹族の奉戴によりて都を定められ、蠻族を德化して文化に導き給へるに出發せられてゐる。併し蠻族思想を脱せずして王化に背叛する者は、己を得ず正義の軍を起された。神武天皇の東征、崇神天皇の四道將軍派遣等を始め建國の精神は古今一貫してゐる。

日本人種は複雜であるが、併し先着者たるアイヌ種族は、混血は免れないとしても、本來日本人種構成の種族ではない。これに次でケタ族がある。ケタは新來のチアム族が先住者を卑稱したる語で、種族的固有の宗教を有たぬ。今特種民の一部で其全體ではない。次の渡來者は、前印度モン・クメール族倭人派で、龍蛇神を祀る種族や、何々龍神の子孫といふは此の人種である。次にマラヨ・ボリネシア系のチアム族で、隼人派、前出雲派等の長神、貴神、咋神、鴨神等崇拜族である。次に朝鮮ツングース族の後出雲派たる大日孁貴崇拜族、次にバビロニア系統の天孫人種である。其の他有史以後に於ける支那朝鮮種族の移入は明である。

固より日本民族は多數人種の混血であるが、既に已に換骨脱體して何れの民族でも無く、特異の結晶たる日本民族である。即ち皇室を中心として、混血釀製せられたる大和民族たるは勿論であるが、併し其の建國の大業を經營統一せる中心人種は、世界東西文明の祖人種たるスメル系民族である。然して今を距る二千數百年以前に於て、其の大宗家たる皇室を奉戴して、人類文明の搖籃地たる西の豐葦原の瑞穗國より、日出の豐葦原の瑞穗國に移住して、世界に冠絶せるスメル人本來の大理想を表現しつゝ、實に上下數千年萬世一系の統を垂れ賜ふ。地球上スメル系人種は我が日本民族を措て他に存在しない。血清學上日本民族は世界に比類なき獨特の血液型配分狀態を示し、他に同一の民族を見ざるはこの理由に外なるまい。我等日本民族たるものは、奮然この光榮ある歷史と民族本來の天職とを自覺する所がなければならぬ。

神武天皇建國を以て日本紀元に宛つるのであるが、併し天孫人種の紀元は、文明を創設し歷史時代に入りても既に六千年を經過し、バビロニアの地に定住しては、一萬年乃至八千年前に遡るのである。況や其元始に至りては、固より悠遠なる太古に在る。我が國體が天地の原始と共に自然に發生したといふ民族の信念を有する所以は、これに因りて徹底合致する譯である。

第二　天孫人種傳統思想の本源

天孫人種の傳統思想は「神ながらの道」で、其の理想信仰は全くスメル人の思想に淵源する。

スメル國は一家の增大
スメル人は家族主義
君主大家長主義

セミット族は個人主義
日本家族主義國家の淵源

君主は神格の修養に勉む

祭政一致の義

天壤無窮の神勅は天啓にて又史的大詔

古代スメルの市王國は本來一族が一部落となり、市王國に發達せるものなるが故に國家は一家の增大である。然ればスメルの君主は人民を赤子と呼んで愛撫し、人民は神父として敬愛した。蓋し家族主義が國家家族主義に發達したるもので、固より君主大家長主義、君主中心主義で、又都市には主神があつて神宮を中心とし祭政一致であつた。併しセミット族は水草を逐ふ遊牧蠻族で個人主義であつた。この君民父子の思想は、セミット系統たる第一王朝以後に於ては漸次にして地を排ひたれども、スメルの王室に於ては、この理想信仰を萬世一系に傳統せられたる理由がある。故に天孫降臨せられても、蠻族を教化包容して海内一家たる家族主義の國家を經營せられたのである。

スメルの王は神の權化として此の國土に天降り、君主卽神と信ぜられた。いはゆる偶像崇拜的生神の義でなく、神の表現たる修養に勉め、神格の自信を得るを以て信仰とし、君主卽神として天啓を下した。蓋し主神たる日神の神勅に因りて正義の政治を行ふを理想とした。これを祭政一致といふ。祭政一致とは神と君との一體、政治宗教の一致で、彼の專制的神權政治や基督教國の祭政分離ではない。

我が國に於ける天孫の天降は、實に數千年以前に於ける理想信仰で、其の皇祖は民族大生命たる信仰上の神にして、又史的實在であらせられ、神勅は皇位の原始に於ける皇祖の神勅にて天

高千穂天降神話は本來スメルの國豊葦原國は世界

皇孫の天降は世界神國化に在り

天孫人種天降人種の義

君民同祖の信仰を變改されても史實を忘失せず

啓であり、又史的大詔である。然るに或説にこの神勅を以て神話傳説にて史實にあらずといひ、或は日本建國以後の作爲といふが如きは、國體の本源を知らざる妄誕説である。

皇孫火瓊々杵尊の降臨は、史的事實としては吾田國長屋の笠狹であるが、高千穂峰に天降神話はスメル國に於ける數千年以前の理想信仰であり、皇孫の安國と知らすべき豊葦原國は、日本は勿論スメル國である。否世界である。世界神國化に天降り賜ふたのである。

日神の御子たる火神として此の國土に天降るといふ理想信仰は、スメルの國王は勿論、我が皇室の傳統的信仰であつて、又一般天孫人種系諸氏も古代に於ては同一の思想たりしことは、海神を祖神といひ、日神火神を祖先といふに因りて察知せられる。此の理想信仰あるが故に天孫人種とも天降人種ともいふ譯である。然るに此の精神文明を無視して、海を渡りて降臨する義に解するが如きは迷誤である。

天孫も天孫人種系諸氏も各日神を祖先と爲すは、スメル人の理想信仰として君民同祖、君主大家長主義の思想で、即ち皇室は日神の本系であるが、此の原始信仰は、日本書紀、古事記等の新神話構成當時に於て、皇室及びツングース系大日孁貴の子孫といふ後出雲派を日神の裔とし、諸氏は天神地祇の子孫に變改せられた。これは極端なる君尊民卑の支那思想や、

君主國民國土の三位一體理想の一致

世界神國化世界大家族化

王道國家の共存共榮主義上下數千年我が皇室傳統の大國家經營の大精神

所謂國神たる隼人前出雲派等の信仰等諸種の事情に因る次第であらうが、とに角この貴重なる原始信仰を變更せられても、國民は尙理想と史實に因る君民同祖、君主大家長主義の民族大精神を忘失せざりしは幸であつた。

スメルの國に於ては君主も神の權化、國土も神の權化、人民も神の權化又は神裔であつた。我が國に於ても天皇はアキツ神、國土は神國、國民も天神地祇の裔であるから一致する。この君主も神、國土も神、國民も神裔といふ三位一體は地上高天原化の理想信仰であつて、地上より足の離るゝにあらずして、大地を踏張りて人間世界を神國化するに在る。死後の極樂天國でなくして人間の極樂天國であり、死後の眞如ゴットでなくして人間の天皇卽神で、宇宙の大生命の最高表現たる天皇である。蓋し「神ながらの道」の目的は、其の神性が宇宙の大生命卽ち民族の大生命で、世界國家個人を除外せざる普遍的家族的の神である如く、神武天皇建國の精神に八紘に居り世界を家と爲すとある如く、卽ち國家は勿論世界神國化、世界大家族化に存するのである。空漠たる神國化でなく、其の表現を家族化といふ。この普遍我的世界神國主義、世界大家族主義が王道國家の共存共榮主義で、實に上下數千年我が皇室傳統の國家經營の大精神であり、天職であり、また生命である。社會の改造といひ、新日本主義といひ、この理想を擴充すれば足

神道の神性は民族の大生命

神と人の連絡は家族主義なるに因る

神道は偶像崇拜自然物の崇拜に非ず

る。或は神ながらの道を以て舊思想の如く想ふものあらばそは迷妄である。神ながらの道は新舊を超越せる天地の公道である。

スメルの光明教の生成化育の教は、日本神道の根源であつて、神道の神は本來民族大生命の崇拜である。民族大生命は宇宙大生命の表現神なるが故に、海神日神火神等を祖先と申した。かく神と人との連絡は家族主義なるに因り、外國宗教の神人の間無關係なるは個人主義なるが爲である。然れば神道の神は、世界國家社會家庭個人の一切を除外せざる普遍的包容的の神であつて、人情的、人道的、國家的、國際的、政治的で、政治宗教等人道の一切を包容するのであるから「神ながらの道」卽ち「神そのまゝの道」といふ次第である。併し現代に於ける社會生活の基本は國家であるから、神道は國家を中心として個人世界の兩極端を包容する譯である。然れば神道の神は斷じて偏狹なる個人主義的國家の神ではない。人靈を神社に祀るは中古以來の思想であるが、これ亦正義の神で、この生命の祭祀は家族制度の根本である。併し倭人、隼人、前後出雲派等の土俗信仰を以て神道と混淆するを許さざるは勿論である。

或は曰く、偶像崇拜だとか、自然崇拜だとか惡口を謂ふものがあるが、何ぞ知らん、偶像

神道は多神にして一神

神靈祭祀の原因

一夫一婦主義は天孫人種根本理想の復活

其の物を拜するに非ずして、偶像を通じて民族の大生命を拜するものである。自然物の崇拜にあらずして大生命を拜するものである。スメル人の理想信仰を以て野蠻種族の信仰と同視するは、六七千年來の世界東西文明の祖人種を知るの明が無いものである。耶蘇教の十字架も像像であつて、其の本源はバビロニヤ、アッシリアである。十字は楔形神字アン（八光線）の略字で神聖文字としてバル又はパル（明の義）と訓み、且つ神聖なる咒符として金屬製としても用ひられた。第三圖紀元前八百八十年アッスリナジルバル王の胸間の十字架を見よ。

また多神教だといふも、バビロニアに於ても我が國に於ても、國家の主神があつて多神を統一した。卽ち多神たると共に一神たる譯で、家族主義的秩序がある次第である。決して希臘神話神の如く個人主義的不統一なる多神ではない。

或は神靈祭祀の原因を以て民心集團の政策と爲すも然らず。スメル時代の神祭は神託に因る神の要求に基くもので、これを政治的に解するが如きは後世の臆測に過ぎぬ。

スメル人特有の一夫一婦主義は、神國主義、家族主義理想の表現なるが故に、皇孫降臨當時に於ては確にこの思想の存在せし事實あるも、一夫多婦主義に化せらるゝに至りたるは遺憾であるが、併しこの思想は幸に後世耶蘇教に傳へられて、今我が國に復歸されつゝあ

基督教佛教もバビロニアの神話思想言語習慣を踏襲

るは、天孫人種根本理想の復活である。

基督教、佛教の如きもバビロニア人の神話思想言語習慣を踏襲せるもの甚少からざれども、併しこれ等の宗教は排他的個人主義の國家に發生し、敵國本位の社會を救濟するに在るが故に世界主義を高調の餘り、宗教に國境無しで非國家的、非近親的で、人道上却つて偏狹を免れないのは、いかにも環境の然らしむる處であらう。

覇道の國家

家族制度の國家は其の理想信仰として個人を除外せざる家が單位で普遍我的であるが、西歐諸國は個人が單位で家を認めざるが故に排他的個人主義である。個人主義的專制を覇道の國家といふ。佛蘭西の專制政治に反抗して自由平等主義の共和政治を生み、更に高調して極端なる社會主義共産主義等の赤化思想となりては、世界をして今更の如く戰慄せしめつゝある次第であるが、其の原因は種々ありと雖、無神論的個人主義的社會の缺陷に禍ひせられたるは謂ふまでもあるまい。

左傾思想者と多數者專制政治の弊

日本に於ける左傾思想者は、我が大理想大信仰あるを忘れて、徒に西洋のそれと同視し、專制國家と思惟するが故に、反國家思想、反皇室主義者が起るに至れるは誠に痛恨に堪えざる處である。爲政者も國民も猛省して、多數者專制政治の弊を除き、國家神國化、國家大家族化の民族本來の天職を發揮すべきである。

天皇の御本質と外國君主

我が天皇の御本質はスメラ尊とも、スメラギ、ミカド、アキツ神とも申し、共にバビロニア語の神又は神名を以て申す敬稱語なるに因りて最も明瞭である。英佛のエンベラーは羅甸語のインペラーレ「命令する義」であり、獨のカイゼルはケーザルといふローマ人の姓より來て居る、國體本源の相違を察知すべきである。世界無比の皇室と民族本來の大理想大信仰を有する光榮ある日本民族は、赤化思想に化せらる丶如き薄志弱行者たるを避け、これ等の思想を他山の石として、國家は勿論世界神國化、世界大家族化の完成に努力すべきである。

神ながらの道の包容性

皇太后陛下御編纂の「神ながらの道」の巻頭の御歌に、

異國のいかなる教いり來てもとかすがやがて大皇國ぶり

と仰せられたる如く、我が神ながらの道の理想信仰は、いかなる思想も融合して綽々たるものが存するのである。

東西文明の復歸

顧みるに世界人類の文明は六千年前に發生した。その文化の創造者は我がスメラ尊を中心とせるスメル人であつた。スメル——バビロニアの文明が東西に分れて各特異の發達を遂げ、然して今や東洋精神文明と、西洋物質文明とは、スメル——バビロニア系統たる日本民族に接觸復歸するに至つた。何といふ壯嚴なる史的事實であらう。しかも猶新興國民の意氣を有するは、い

我國體と神ながらの道の徹底

國民思想の大磐石の土臺

我が皇室は人類の大君主たる天徳の具り賜ふ御存在日本民族の天職

世界平和の基柢

はゆる流の大なるは源の深きにより、枝の繁れるは根の固きによる。萬世一系の皇室と、神ながらの道とは其の根源である。とにかく我が國體の基柢と神ながらの道の淵源の徹底に因りて、始めて肇國宏遠、樹徳深厚の勅語の大精神が仰がれ、隨つて國民思想の大磐石の土臺が明白に確立する譯である。

幸に日本民族は世界東西文明の祖人種である。殊に我が皇室は世界文明の大恩者であり、人類の救世主であり、世界の至寶であり、人類の大君主たる天徳の具はり賜ふ御存在である。故に日本民族の天職は、この世界無比の史的大事實を背景とし、この傳統思想たる世界神國化、世界大家族化の大旆を掲げて猛進するの一途にある。世界平和の女神は遂にこの大旆下の外には存在しないであらう。

第二篇　我が皇室の淵源

第一章　天皇の尊號と理想信仰

第一節　スメラ（天皇）の原語スメ、スメル

古語に天皇をスメラミコトとも、スメラギ、ミカド、明津神とも申し上ぐることは、國家の大事實で國體の基柢である。然るにこれ等原始時代の言語は、既に遠く古代に於て其の言義を忘失せられ、從つて我が民族史も、國家の理想信仰も、不徹底たらざるを得なかつた。併し其の語原を徹底するに因りて、我が天孫人種の本源は、さながら暗雲を破れる旭日を仰ぐの感じが起るのである。

スメ（皇）、スメラ（天皇）とは、古代バビロニアのスメル（Sumer）と同語で、ル、ラは助辭の變化である。スメルの地名は楔形文字で

スメは神の義で本來セミット語

スメル名稱の本源

ki

Šumĕri
SUMER

又は

Šumĕri
SUMER

と書く、シュメール、又シュミール（Shumir）とも發音された。前者は古字で後者は新字である。古字の發音は後世バビロニア人が假名を附したるに因るので、キ（Ki）は地名の決定詞である。

スメルの語義は原田氏に依れば、ホンメルの説に「南部アラビアの古語（セミチック・バビロニアン語と同根）に於て、スムは神の義なること第一王朝の君主に、スムライル、スムアビ等の人名あるによりて明かなり」といへる如く、スメ、スム同語で全く神の義である。羅甸語のスメ（Summae）も至上至高の義で同語系統である。

スメル名稱は、ラガシ市の四分一の地域の住民の名であるといはれ、又彼等に就いて重要なる記念碑を發見したる地方の住民の名から稱へられたともいはれ、其の起因に就て明瞭を缺ぐ

我皇室はスメル尊號の大君主

大隅國は皇國

のであるが、古代バビロニアの所謂スメル時代に、スメル、アッカドの名稱が見えたるに因れば、君主の稱號たる徵證は今日の程度では明でないが、必ずセミット族等が所謂文明の神民族の或る君主をスメルの敬稱語を以てし、從つて神民族の本居地方をスメルと呼稱したと思はれる。然れば本來君主の敬稱語に新來のセミット語を使用せる次第で、それが遂に民族名しも南部バビロニアの總名ともなるに至れる譯であるから、之れを單に住民の名と解するは穩當でない。かく王及國名をスメルといふは、我が國に於て天皇をスメラミコトと申し、皇國といふに符節を合するが如くである。然れば我が皇室は、スメル尊號を負ひ賜ふ大君主にて、神民族の大宗家たる御系統なることが推知せらるゝ譯であらう。バビロン第一王朝の君主をスムアビ、スムライルなどいふは、單に當時に於ける一二の王の特稱であつて、其裔は紀元前二千百二十三年滅亡し、且つセミット系統なるが故に勿論關與しない。

天孫降臨して南九洲に於ける第二王都高千穗宮の所在地として、大隅國名の本源地として有名なる官幣大社鹿兒島神宮のある內山田の內、鹿兒山の地は、スメラ尊の王都として原始史上貴重な史跡であるが、其の大隅はスメと同語、アキツ神たるスメラ尊の王都たる稱號で卽ち皇國の義である。攝津國難波を一に大隅といひ、黑江之津といふは、火明族が大隅國內山田——高千穗宮都より移住して轉名したる名稱である。火明族の祖天香吾山命の名は大隅內山田の鹿

皇は統制の義に非ず

皃山に負ふところであるから一致する。

然るに舊說にスメ（皇）をスベ（統）の義に解して、統制の意となすが如きは甚しい迷誤である。古來スメをスベといひたる例は更にない。それは既に本居宣長翁によりて下の如く反駁せられてゐる。

> 須賣と申す御號は、神をも尊みていづれの神にも皇神と申すを思へば、もとはたゞ尊む言なるべし。然るをたれも皆統る意と心得て、師（賀茂眞淵）も國を統知坐よしにいはれたれども、よく思ふに統る意とは聞えず、**ただたふとむ言にて言の意は別に有べし**。又すめらとも、すべらとも、いづれにもいへりといはれたれども、古書には假字書には須賣とのみこそあれ、須倍と書るはいまだ見ず（大祓詞後釋）。
>
> 須賣とも須賣良とも須賣良藝とも申し奉れり、須賣良朕と御自も詔へり。續紀十の卷の詔に、高天原由天降坐之天皇御世始而とあるは、邇々藝命をも天皇と申せるなり（古事記傳）。

スメラミコトは、神といふ尊稱語なるが故に瓊々杵尊をも申す譯である。かく皇は斷じて統べではない、統はスブル、スマル、締る、縛るの類語で、多分倭人語系統の國語であるから人種的語原を異にする。本居翁が「スメはたゞ尊む言にて、言の意は別に有べし」と謂へる如く全く言義は別に在る。本來日本書紀、古事記等の言語を解剖すると、新古バビロニア語、マラヨ・ポリネシア語、朝鮮ツングース語、モン・クメール語アイヌ語等の數種と、それによりて變化混成されたる國語と、韓語、梵語、支那語等で記述されてある。然るに古來學者は主として倭人語、又は前出雲派語系統の言語と思想とを以て一切を解釋しつゝあるは、實に驚かざるを得ない。折角本居翁が力作せられたる古事記傳の如きも、或る種の言語の解釋に至りては、遺憾ながら殆其の謂はれたる如く「言の意は別に有べし」であるのは、いかにも困つた次第である。

スメは神の意で、天皇の大權總攬は神として卽ち正義を以て御心として知ろしめすに在る。スメルの王は正義を以て政治の理想とした。孔子も理想を述べて政は正なりといへる如く義政である。然るに統はこれと正反對の專制なるが故に我が國體の大精神に悖る譯である。かくの如きは國家の理想信仰に不徹底を生じ、國法上からも思想上からも、大和民族の最大恨事と申さねばならぬ。

第二節　アキツ神（天皇）、スメラギ（天皇）は火神アグの稱號

古來天皇を明津神と尊稱せられた。卽位の宣命に「明津神と大八洲國知ろしめす天皇」とあ

る。又現神に作る。アキツ神の語原はスメル語の火神アグ（Ak）の神名で、アグツ神の變である。我が國に於て神名地名等に、アク、アゴ、アキ、アギ、カグ、カコ、コなどの名稱は殆 火神に原因するが故に、火神の原語はアグなることが肯定せられる。

火火出見尊はチアム系の國語

皇室の御先祖は火神名を稱へられた。日本書紀に彦火瓊々杵尊、御子火火出見尊、神日本磐余彦火火出見尊（神武天皇）と記されてある。併しこの御名は、天孫人種語たるアグの火神名たることの知られたる時代に於て、マラヨ・ポリネシア系隼人派、前出雲派語を以て申し上げたる御名であって、斷じて天孫人種の言語ではない。火火出見は火の重音、出見はツミの變化で穗積と同語、火神の義。然れば古代に於ては皇孫以下歴代天皇は、アグツ神、變じてアキツ神と申された。ツは助辭ノの義。日本書紀編纂當時に於ては、既にアグ又はアキの火神名たる由を忘れて明津神又は現神の字を宛つるに至った。

須賣良藝の義

また天皇を須賣良藝とも申し上げた。スメラギはスメ（Sume）、アグ（Ak）の複稱で火神名號である。スメル人種に限らず東洋人種の思想として、日神の御子は火神である。皇孫――天皇は天降り給ふ日神の御子といふ信仰に因りて、火神名を以て尊號とせられた。この皇孫の天降思想は、スメル君主の天降信仰に一致し、歴代火神を稱號とせらるるは、バビロニア諸王が火神名を稱へたる習慣に符合する。

舊説に明津神又は現神の宛字によりて、これを現の字義に解し、また須賣良藝を、スメラ我君と説くは迷妄である。アラハナ神、ウツツの神などいふ倭人語系統の抽象的國語を以て申されたとする思想は、既に後世の觀念であつて、原始史の方面からするも、原始宗教の立場からするも、必ず火神アグの神名たるは確實である。日本の本洲を秋津洲といふも、火神アグの洲の義で、これを舊説に稻穀による名稱と解するは誤である。

第三節　ミコト（尊、命）、ミカド（天皇、帝）の原語ミグト

ミコト（尊、命）の原語は、既に原田氏によりて發見せられた。それはセミチック・バビロニアンのミグト（Migut）の變で天降るものの義、卽ち神といふことである。これ亦古代に於て其の言義を忘失せられ、單に敬語として天皇、神其の他に附加して用ひられた。舊説にミは美稱、コトは對者をそれと指して稱する語で、後世のオコト、殿、樣などに當るといふは固より無稽である。

また天皇の尊號をミカドと申し上げた。ミカドの語原は、ミコト（尊）と同語、ミグトの變で、天降るもの卽ち神といふことである。天皇は實にアグツ神であらせ給ひ、天降り給ふ天孫の裔であらせらる。故にミカド卽ちミグトと申し上げる次第である。

然るに舊說にミカドは御門で宮城の御門を申し、それより朝政を攬はす所、また天子の稱ともなつたと解せられた。併しそれは古事附に過ぎぬ。ミカドといふ語の決して御門などいふ無意義の語でなく、神聖なる御方であるとは、幸に我々國民の潛在意識にも傳へられて居る。併し其言義は早く忘失せられて、欽明紀に、帝國又は國家の字を宛てミカドと訓むに至つた。國家即天皇といふ思想からであるが、これは言義を忘れたる宛字に過ぎぬ。今日通俗に帝字を宛つるは其の意を得てゐる。

第四節　皇孫瓊々杵尊は日神ニンギルス神宮の稱號

ラガシ市の主神なる日神ウツは、ニンギルス（NinGirsu）と唱へ、ニンは主の意、ギルスはラガシ市の一部の地名であつて、其處の主神がラガシ市全體の主神となりたる爲めの名であると謂はれてゐる。併しギルスは單に地名でなくして波斯語のキロスの原語、君、王の義で神の王の意であり、神の王の鎭座地なるに因りて、其の地域をギルスと稱ふる譯であらう。又「ラガシ市はギルス、ニナ、ウルアザッカ、ウルの五區から成り、ウルニナはギルスの地を選んでニンギルスの神殿を營み、之をギルスの家と崇めた。ラガシ市の一名テローといふは、ニンギルス神宮の有る丘 Tell, Palace に因るものである」といはれてゐる。これ等の地名は本來祭神に起因するものであつて、決して故なく地名が發生したものではない。然ればニンギルスとは、主君、主神、神の王の義たるが察知せられる。

此のニンギルスの名は、皇孫瓊々杵尊と同語、ニニはニンの轉、キはギルスの下略、ルは流音でスと共に消滅した。日本書紀第七の一書に、瓊々杵尊を一に天杵瀬尊とあるキセは、ギルスの略轉で、瓊々杵尊の杵がギルスの省略なることが肯定せられる。猶杵瀬尊がキスの尊なる證は、古事記に、神武帝の阿多小椅君出の皇子を岐須美々命とあるに因りても知られる。然れば一説にスメルといふ住民の本居ともいはれてゐるラガシ市の主神ニンギルスと皇孫瓊々杵尊と符合し、其スメルとスメラ（天皇）と一致する譯であらう。

バビロニアに於てニンギルス神宮を人名に呼ぶ例は、スメル後期時代のラガシ王グデアの子ウルニンギルスの名があり、我が原始時代に於て神名を人名に稱ふる習慣に合し、加ふるに多數天孫人種系氏族は海神を祖神として主祭せるに、我が皇室に於ては海神を並祀さるゝも、特に日神を主神として祭祀せらるゝは、ラガシ王國主神の日神なると一致し、伊勢外宮奈具神鏡はニンギルス神の大女神ニナの妹、ニサバ神で五穀專門の神なるに因るも、またラガシ王にはアクルガル（アクは火神、ルガルは王）の名が見え、明津神に合致するに因るも、ラガシ市に關係があるやうに思はれやう。

かくいへば我が皇室の御先祖は、ラガシ王國君主の如く想像せらるゝも斷じて然らず。スメル名稱起因がラガシ市といふ說の不確實なるは勿論、ニンギルスを人名に呼ぶは、前期スメルのラガシ王エンテメナの圓錐牌に「戰はエンリル神の武士たるニンギルスの言葉に依りて初められ……」など記し、エンリル神はニップル市の主神たる地神であるから、ニップル市の部將の名なることが知られ、加之バビロニアに於て君民共に主神は勿論、信仰神の名を稱ふるは普通なるが故に、瓊々杵尊の御名がニンギルスと同名とするも、決してラガシ王の後裔と限定することは出來ぬ。また日神を主祭するは、中世バビロニア時代より海神の信仰衰へて日神の勢力を見るに至つた譯であるから、これを以て證とするに足らぬ。また奈具神鏡のニンギルス神の子神ニサバ女神とするも、これ等の信仰は殆スメル人通有の民族的思想なるが故に速斷することは出來ぬ。

猶火神アグを以て歷代王名の通り名とすることは、スメル時代に於ては其例なく、後世バビロニア諸王がセミツト語を以て代々必ず火神名を冠してナブ……と稱ふる習慣が生じた。我が皇室に於ける明津神の名稱は、日神の御子たる火神を意味する全く尊號で、天皇の一號として使用せられたる事實に因りて、太古の風習が思ひ遣らるゝのであるが、併しこれはスメル王たるを證するに止り敢てラガシ王に極限せられた譯では無い。況やラガシ王がスメル尊號を負ひた

鷹はニンギルス神の神使

る何等の徴證を有しない。

畏くも我が皇室はスメル國名の本源たるスメラ尊として、アグツ神たる天孫として尊崇せられ給ふ御系統と想定せらるゝも、余輩は今日の程度では都市を指摘斷定すべき資料と大膽さを有せざるが故に、理想信仰の優越し、スメル尊稱を負ひ賜ふ大宗家大君主たる御系統なるを斷言して滿足せんとするものである。

第五節　神武天皇金鵄の瑞は日神バッバルの信仰

神武紀に「金色の靈鵄あり飛來て天皇の弓弭に止れり、其鵄光曄煜て流電の如し」とある記事は、ラガシ王エンテメナがウムマと戰ふ時に、ニンギルス神が夢枕に立て「汝は勝つべし、汝の右手に日神バッバル（babar）を遣はす」と託宣に因りてウムマを平定した。この日神バッバル（明、輝の義）を遣はすといふ思想と一致し、必ずバッバルの信仰なることが肯定せられる。併しかゝる信仰はスメル人普通の思想であるから、これを以て直に我が皇室がラカシ王に關係があるとはいはれぬ。

又ラガシ市の標章は、第十圖の如く獅子の顔を有する鷲である。虞らく市の主神の表像で、鷲即神また神使であらう。又第三圖、同市鷹の碑には、ニンギルス神が鷹を持ち賜ふ像が刻ま

槌矛と頭槌の酷似

れてある、鷹は日神の神使である。

この鷲鷹を日神又は神使といふ思想と、第十三圖のイスタル（istar）女神は、スメル地方のエレク市の神宮では、愛の母神であるが、北部のアッカド神宮では、武神として此の神を金星に配し、其の弓（?）に表像たる神紋が描かれたる思想とは、これ亦神武天皇の弓に金鵄即ち日神の瑞と一致する。其金色の鵄は日神ウツの音タム（Tam）を、倭人語系（?）國語の鵄に誤解した爲で、本來日神といふことであらう。故に神武天皇の大宮たる橿原宮が、若しセミチック・バビロニアン語であるならば、ガシトバル（Gasit-bar）である。ガシトは弓、バルは日神の明かといふ意の名であつて、弓に日神の止られたる御方の宮殿と解せられる。

神武天皇を神倭磐余彦尊と申すイハレのイは助辭、ハレはバルの變で、バルの尊即ち日神稱名であらう。鳥見靈畤の地を榛原といふも同語なるべく、鳥見は丹波と同語タム（Tam）で日神名、又御幼名を狹野尊といふサヌは、下說の如くセミチック・バビロニアンのザリヌ表像で、鏡尊の義であらう。

鷹の碑（バルチュア石碑）はニンギルス神が左手に神使鷹を、右手に槌矛を持ち賜ひ、捕虜を一網打燼の圖である。この碑文にはアクルガル王及其子エアンナツム王の時に、ウムマ市と衝突したることを記す、槌矛は神武紀の頭槌石槌に酷似する。

天皇も神國土も神皇祖も神

國土は神の權化國王は神の權化

第六節　建國の大理想大信仰の淵源と天壤無窮の神勅

我が國に於て天皇を神と申し、國土を神國といひ、皇祖も神であらせられ、神と君と國が渾然一體を成してゐる。それがバビロニアに於ても、ウインクラー氏のバビロン市史に據るに、

バビロニア世界觀について考へて見ると、政治上及び思想上の顯著なる意味のある事を發見される。卽ちそれによると、**國土は神の權化であり、神が假りの形を現して國王となつたのであるから、國王は皆神の名で呼ばれた**……東洋人一般の思考する所によると、其の首都として一大都府を持つて居ないものは、王と稱する事が出來ない。其の理由としては、**神が天國から天降つて地上に住家を定める所は都府であるから、都府は卽ち神の住宅地であるによると云ふのである**。自然神の權化である國王は、首府として一の都府を所有しなければならぬのである。是れが同時に又古來何れの國でも其の首都を經營し、而かも其の首都は常に大なる犧牲を拂つても、一大壯觀を保持させて居た理由にもなるのである。

とありて、一致することが察知せられ、隨つて古語に「君神一體始㆑自㆓天上㆒」の語が首肯せら

れる譯であらう。

併し古代バビロニアに於て國王が神の權化といふ思想は、單純なる墮落の意味に於ける偶像崇拜的生神の義ではない。ジョンス氏の古代バビロニア論によれば、

古代バビロニアに於て毎年に採用せらるる年號は、正月元旦の新年祭に王が神宮にて神像の手を握り、**神の子となつて身自から神格を得るの日に於て之を定めるのである。**

と記し、其の神の子とは耶蘇教の神の子の義ではない。即ち神と人とは別でなく、スメル人の信仰は王即神である。其の修養は神格の自信を得るに在つた。固より神裁政治で一切の政治は神の名を以て行はれ、戰爭も神と神との鬪ひであつた。併し王即神の權化といふも決して所謂偶像禮拜の義ではなく、神格を得て正義の政治を行ふを理想とした。スメル人が世界東西文明の祖人種たる所以は、美術工藝學問以外に、此の大理想大信仰が存在するからである。然ればスメル人は周圍より侵入する蠻族を悉く吸收して文明化したる偉大なる包容性を有つて居た。既に君主が神格の自信を有す、其の國民も亦神格的道德を理想とした。

畏くも我がアキツ神たる天皇を敢てこれに比較し奉る譯ではないが、至尊は大神の御子とし

て神格を以て主權を總攬し給ひ、允文允武克く包容し、これを文化に導き東方の大帝國を經營し給ふた。皇統の萬世一系天壤無窮たる意義は、血統の外にこの大精神が萬古不滅たる所に在る。國體の精華たる所以も之れに存するのである。固より天皇は神聖であらせらるゝが、併し天皇の絶對神聖を以て單に偶像化したり、權力崇拜の如く思ふものあらば、それは國體の本源を忘れて國家を危ふくするものであらう。

バビロニアに於ては、人民も多くは神名を以て稱名とし神の權化又は神孫であつた。我が國に於ても神裔である。故に君主も神、國土も神、國民も神孫で三位一體たることが一致する。この三位一體たる思想は、理想世界たる高天原を地上に表現する理想信仰であつて、卽ち國家神國化、世界神國化の思想である。この大道を稱して「神ながらの道」といひ、或は神皇一體といひ、王道神道の一途といひ、祭政一致といひ、其の理想信仰の本源は遠く數千年前に淵源することが肯定せらるゝ譯である。

天皇を神格の御存在と申すは、固より個人たる陛下としては人であらせらるるが、天皇は日神の表現者として神格者であらせられる。この精神は古來形式的にも現されてゐる。卽ち明治維新の際まで大內裏宮殿の配置は、正中が天皇の正殿たる紫宸殿で、其の東に天照大神を祀る溫明殿賢所があり、西に陛下の常殿たる清涼殿がある。卽ち個人たる陛下と天照大神との接觸合一點たる紫宸殿は、神格者たる天皇を表現せらるゝ極致である。

また我が國に於て皇孫は、天照大神の神勅によりて豊葦原の中津國を安國と知ろし召し給ひ、歷代天皇は義は君臣にして情は猶父子の如しとも、國民を赤子とも詔給はれた。然してバビロン第一王朝ハムラビ大法典を刻せる石碑の冒頭に、

バビロニア王の理想信仰

われは牧民の司なり、救世の主なり、わが權標は正義なり、わが影は國を庇護する木蔭なり、わが懷ろにはスメル、アッカドの民を育くむ。わが德によりて彼等は平和の日を樂しみ、わが智によりて彼等は直き道を進む。强者は弱者を害すること能はず、寡婦孤兒もその保護なきを悲まず……**天地の大判官たる日神の勅によりて國に正義あらしめよ**……法律の事案に於て虐げらるるものは、正義の君主たる我の肖像の前に立ちて、この碑文を讀みその貴き語辭を誦ぜよ。碑石は自ら彼れの事案を說明して法の存する所を示さん。乃ち彼れが心は歡喜して謂はん、**ハムラビの其治むる民に於けるは、父の其產める子に於けるが如し。**

天地の大判官たる日神の勅

右は本來スメル君主の理想信仰の傳統思想であつて、君民關係を父子の如く、且つ正義の王たるを理想とし、殊に天地の大判官たる日神の勅によりて國に正義あらしめよと絕叫した。この思

天壌無窮の神勅

皇祖の神勅は天啓にて又史的事實

想は我が國に於ける日神の神勅によりて、安國と知ろしめす所以であるから一致するといはれやう。

併し畏多くも我が天壌無窮の神勅を以て之れに比し奉る譯ではないが、謹で我が日神の神勅の本源を推察し奉るに、實に遠く我が皇位の原始に於て日神の御子たる火神として天降り給ひ、國土を神國化し給ふ大理想大信仰に原く神聖崇高なる神勅——天啓に因る次第と拜察し奉るのである。決して或説の如くこの神勅は日本建國以後の作爲ではない。

かくて皇祖の神勅は單に理想信仰でなく史的事實たる方面のあることを見逃してはならぬ。それは皇位は神の權化として理想信仰としては、皇位卽アグツ神たる方面と、史的實在の御方であらせらるゝ二方面あるが故に、皇祖日神として神勅——天啓を下し給へる御方は信仰上の日神たる方面と實在の御方たる方面の御存在なることを肯定しなければならぬ。或説にこの神勅を以て神話傳説と爲し、史的事實にあらずといふが如きは、斷じて國體の本源を知らざる迷妄である。

我が國に於ける皇孫天降神話の本源はスメル國に淵源するが故に、神勅に統治せらるべき豊葦原の地は日本は勿論スメルに在る。否スメル君主の理想信仰はアグツ神として天降り、世界の大君主として世界神國化、世界大家族化に在るのである。それは日本建國の精神に因るも察せられる。日本書紀神武天皇の段に次の詔が見えてゐる。

恭臨二寶位一以鎭二元元一、上則荅二乾靈授レ國之德一、下則弘二皇孫養レ正之心一、然後兼二六合一以開レ都、掩二八紘一而爲レ宇。

建國の大精神は世界大君主主義に在る

その遠大なる建國の大精神はスメル君主の傳統思想たる神ながらの道であつて、八紘に居り世界を家と爲す、卽ち世界大君主としての世界大家族主義である。我が皇室はスメル人の大宗家として國民と親子の情があり、神格の正義を以て君臨して愛撫せられ、國民は神父として敬愛し、君民一體、忠孝一致、海内一家脉絡相通ずるものがある。この傳統的民族精神を日本魂と申す譯である。

日本魂の意義

ハムラビ法典に君民關係を父子の如しといふは家族主義で、本來スメル人の思想であつて、セミット族は遊牧民たる個人主義であるが、とに角君主大家長主義、君主中心主義で、我が國に於ける皇室中心主義に一致する。

日本建國の大精神は建國當時の假作りに非ず

かく日本とバビロニアとは密着不離の共通點がある。固より我が國體の精華は日本帝國獨得の發達なるは無論であるが、併しアキツ神として世界を家と爲す建國の大理想大信仰は、決して日本建國當時に於ける俄作りの思ひ付きでなく、建國以後に於ける作爲でもなく、遠くスメル人傳統の理想信仰に淵源することを肯定しなければならぬ。否これを斷定すべき事實は本書の全巻に亙つて居るのである。

バビロニアに於けるこれ等の思想は本來スメル人の理想信仰であつて、決してセミット人固有の思想ではない。セミチック・バビロニアン人は、スメル人の思想を繼承したるものである。

併しバビロニアに於ける此の神格の自信は、バビロン第一王朝までは强烈なる信仰があつたが、新バビロン帝國に至りては、この思想は消滅して國家の團結力は頗る脆弱となつた。卽ち神格的修養は單に形式的迷信に退化し、家族主義は個人主義となり、文弱に流れて尙武の氣象に乏しく、遂にバビロニア最後の終滅に至りたる譯である。

バビロニア終滅の理由

併しこはセミット系統たる新バビロン王國であつて、其のスメルアグツミグトを中心とするスメル人に於ては、古代の思想を萬世一系に傳承して變ることなかりしは、我が國に於ける事實に徵するも察知せられる。

日前の義

第二章　三種の神器

第一節　八咫鏡

第一　ウツの神鏡、ヒノクドマの神鏡、奈具神鏡

三種の神器は、皇孫瓊々杵尊の吾田國長屋の笠狹へ降臨の時、奉持し給へる八咫鏡、草薙劍、八尺瓊五百箇御統の稱である。古語拾遺に、

於レ是從二思兼神ノ議一、令三石凝姥神鑄二日像之鏡一。初度所レ鑄少不レ合レ意（是紀伊國日前神也）次度所レ鑄其狀美麗（是伊勢大神也）

と載せ、其の伊勢皇大神宮は本來スメル語の日神ウツの變ウチ（内）の神である（大隅、吾田、伊勢國各章參照）。日前の日はモン・クメール語及び其の系統の韓語であるから後の稱名、前は原田氏の說れたる如く、セミチック・バビロニアンのクドマ（Kdoma）前の義の約である。

併し氏の謂れたる如く日に直對の義でもなく、舊說の先鑄の義でもない。それは國幣小社沼名前神社は、ヌヌの島（ヌヌは魚で海神の緣語、大三島の古名で大山積和多志大神）の地の御前の義なるが故に、日前神宮の地は西方に展開して、夕日の直對は宗教心理に叶はざるが故に、又此の鏡は事實としては先鑄ではあるが、日前の名稱は決して先鑄の義にあらざるが故に、必ず皇大神の御前神の義であらう。卽ち八咫鏡に副へて御前に供へられたる鏡であるから日前神と申す次第であらう。

倭姫命世記に、

天照皇大神一座、御靈御形八咫鏡坐……豐受大神一座、御靈御形眞經津鏡坐、圓鏡也。神代三面內也。

と記し、この內宮ウツの神鏡、日前神鏡、外宮神鏡の所謂神代三神鏡は、大倭本紀に、天孫降臨の時、天懸大神（皇太神宮）、國懸大神（日前神の誤）、御食津神の三神鏡を持ち降られたと見え、崇神帝の朝までは宮中に同殿同床であつて、當時三神鏡共に模造して宮中賢所に祀られた。その徵證は村上天皇天德四年九月二十三日內裏燒失の際、賢所の神鏡に關し

宮中賢所に皇大神日前外宮の三鏡を模造して祀らる

豊受大神宮の神鏡は奈具神

て釋日本紀に引く天徳御記に次の如く記されてある。

天徳四年九月廿四日鑿二求溫明殿所レ納之神靈鏡並大刀契等一、申時重光朝臣來申云、瓦上在二鏡一面一、其鏡經八寸許、頭雖レ在二小瑕一、專無レ損二圓矩一、並蔕等甚分明、見レ之者無レ不二驚感一。廿五日又求二得燒損鏡一面一。外記記曰、威所三所、一所ノ鏡件御鏡雖レ在二猛火上一而不二偏涌損一、卽云伊勢御神云云 一所眞形無二破損一長六寸許 一所ノ鏡己涌亂破損紀伊國御神云云

と見え、三所の神鏡の內、伊勢と紀伊は明記せられて一所は記載されざるが、謂ふまでもなく御食津神に相違ない。故に崇神帝の朝、此の三鏡を模造して宮中に留め祀られたることが肯定せられる。

然らば其の御食津神たる外宮の神鏡は、雄略帝の朝鎭座當時に於て豊受大神と申されたるかといふに斷じて然らず、鎭座當時は實に奈具神と申された（伊勢國章參照）。奈具神はスメル語のナグ（Nak）神饌犧牲の義で供御の神である。それをウチの神を天照大神と申されたる時代に於て、チアム系の國語を以て豊受大神と變稱せられたのである。（ウケはアガ Aguhā、ウガ Uguhā の變、草木の根、轉じて粟稻の義）。

神鏡の移動

三神鏡は崇神帝の朝に倭の笠縫に遷され、垂仁帝の朝に三輪の三諸宮に祭られた。暫時にして日神は、教化の爲に皇女倭姫命が奉戴して他へ移動せられても、奈具神鏡は三諸宮に留め祀られた。それは恰も紀伊名草宮に於て大神を奉齋の際、日前神鏡と國懸神を其の地に留められたる如く三諸宮に留め置れた。かくて雄略帝の朝に三諸宮より伊勢山田へ遷されたるものである。然るに丹波の比治眞奈爲神を移されたといふは、後世丹後の比治の奈爲神の奈具神と同神たるに因る迷誤で、比治の神は實は外宮酒殿神（一説御井神、酒殿神は舟木の奈具神）であつた。

神鏡の形状

天德御記によるに、賢所に於ける伊勢大神の模造神鏡は、徑八寸許の圓鏡である。日像は必ず圓鏡でなければならぬ。俗に八咫を八菱鏡と爲すは迷妄である。八咫はヤアタにてヤは彌、タは手の義、兩手の指を開きたる程の大鏡の稱。また奈具神鏡は長六寸許と記され、倭姫命世記に圓鏡とある。

バビロニアの日像鏡

バビロニアの日像は第一圖シヤマシユ神宮の日像鏡、第十五圖境界標の日像紋によりて略々想像せられる。併し最古の日像は無紋の圓鏡であつたと想はれる。鏡は本來スメル人の日像に起り、埃及支那等にも普及されたものである。バビロニアに於て發見されたる鏡は、銅製多く稀に青銅製もありて、其の形は概柄付である。

神武天皇の幼名狭野尊の語原

バビロン語で鏡の名稱は、今日の程度では不明とされてあるが、併し表像をセミチック・バビロニアン語でザリヌ（Zarinu）といふに因れば、日神の表像たる日像の鏡はザリヌであらう。日本書紀に、神武天皇の幼名を狭野尊とある狭野は、ザリヌであつて、リは流音で附加又は省略を常とするが故に、サヌ、ザリヌは同語、他の例に天鏡命といふ神名のある如くザリヌの尊と思はれる。

第二　日像改鑄の實例と我が皇室の御系統

バビロニアに於ける日像鏡改鑄の例

皇大神宮の神鏡は再鑄の鏡で日前宮の神鏡は初鑄の鏡とある。これを古語拾遺に「初度所レ鑄、少不レ合レ意云々」といふは、いかなる故ありて神意に叶はざりしか、それは當時バビロニアに於ける神鏡改鑄の習慣事情を察知すべき史料がある。卽ちチアストロー著バビロニア及アツシリアの宗教信仰及實行の模様論の龜卜部に、下の如く記されてある。

バビロニアの最後の王ナボネドスは、宗教的細心を以て其の特徴の一つとせしが、彼れの行動を見れば、キロス征服のときに至るまで、古昔サルゴンやグデアの用ひたりし神意測定の方法が、如何に猶普通に行はれたりしかを知るに足らん……別の時に於て彼は日神の表

> 像を造らんとし、古來の意匠に露違はぬよう苦心せり。軈て出來上りし像型を日神の御前に供へ、この信仰深き供へものが神意に適せしや否やを羊の肝臓（ヘバトスコピーといふト法）にて占へり。然るに驚くべし、三度占ひて三度とも凶なりしかば、王は恐懼措く所を知らず、是れ必ず像が古像を正しく模せざりし爲ならんと思考し、新たに一像型を造りバールー（卜筮を司る神職）をして、再び羊肝に占はしめたり。此度は吉兆を得たるが、神官の手加減して占ひの判斷を謬れるにあらずやと疑ひたりけん、重ねて是れを確かむべく古記録に渉獵して、嘗て吉兆を得たる占卜が、果して事實上に吉かりし場合を捜り、是れと比較研究して終に第二の像型により表像を作製することの安全なるを知れり。

といふ傳説と符節を合するが如くである。若し彼我關係ありとせば、正に國體の根柢に觸れたと申さねばならぬ。

併し餘は我が八咫神鏡を以て輕忽にナボネドス王の日像とは、信ずる事が絶對に出來ない。其の理由はバビロニアに於ては、古來各都市に於ける日神の神宮へ日像を奉納し、從つて神意に叶はずして改鑄の實例は多々ある。それは右の文にもある如く神意測定の方法は、古昔サルゴンやグデアの時代に於ても用ひられ、占卜の例は古記録にも記された譯であるから、改鑄の類例が察知せられる。加之右のナボネドス王は波斯軍の爲に生擒せられ、其の子ペルシヤザルは戰死し、剩へ當時世界第一の金城鐵壁たるバビロン城の殆無抵抗狀態で陷落したる所以は、波斯王キロスの圓筒形奉納品に刻せる碑文に下の如く記されてある。

アンシヤンの王キロスを神は名によりて呼び給へり、全世界の統治のために神は彼れを指名し給へり……民の後見たる大御神マルヅークは、彼れの敬虔なる所行と、彼れの正直なる心を喜みし給へり。神は其鎭座し給へるバビロンに往くべく彼れに命じ給へり。神は友として彼れの側らに歩みつゝ、バビロンに征くべき路を彼れに取らしめ給へり……神は戰もなく、格鬪だもなくしてバビロンに入ることを許し給へり。

とあるに因りて、バビロンの神の王たるマルヅーク神宮の神官は、豫てキロス王に內通して開城したることが顯然として居る。然ればマルヅーク神宮の鏡を奉じて遁るの理由が殆存在しない譯であらう。

畏れながら我が皇室は、斷じてセミット系統の新バビロン王族や、マルヅーク神宮等の長官などであらせらるるとは、余は想像すべき寸毫の資料をだも發見することが出來ぬ。周圍の事

剣は暴風雨神の表像

情に因れば、天皇をスメラと申し上ぐるはスメルの大君主たるを證するのみならず、セミチック・バビロニアンの諸王はセミット語のナブを稱へたるに、我が皇室に於てはスメル語のアグを以て尊號とせられ、また我が國に於けるバビロニア系諸氏の中には、セミット系統の神を祀りたるもの尠からざるに、我が皇室におかせられては悉くスメル語の神である（皇室と神祇、並大隅、吾田、伊勢、紀伊、尾張各章參照）。更に神意測定法はスメル王グデア、アッカド王サルゴン等以前より用ひられ、勿論サルゴンの神意測定法は、本來スメリア王の習慣踏習であつて、本源は固よりスメル方面に在る次第であるから、我が皇室の神鏡改鑄神話の史實方面から申せば、必ずスメル地方の出來事なることが察知せられる。とに角我が皇室は斷じてセミット系統にあらず、スメル人の大宗家たる君主にて、天孫として崇められ給ふ御系統なる由が想定せらるゝ譯である。

第二節　草薙剣は熱田神たる軍神アッダド

熱田神宮の祭神は草薙剣といひ、これを熱田神といひ、社傳に日本武尊といふは、古來大疑問とされてゐるが、併し原始史上より觀れば極めて其の理由がある。

剣は軍神たる風雨雷神の表像たることは、古代諸民族に共通する思想である。バビロニアの暴風雨神、軍神は第二圖のアッダド（Adad）神で其の兩手に持つは雷光形の劍である。これは西方シリアの神といはれてゐるが、アッダドのアは水の義、ダドは雷鳴の表音語で、本來スメル語の神たる疑がある。セミチック・バビロニアンと同種族たるアッシリア語では、暴風雨神をランマン（Rammānn）といつた。

草薙の名義

草薙の名は説話のやうに劍の動作ではなく、暴風雨の猛威が草を薙拂ふ如く、敵人を木葉微塵に吹拂ふ勇猛を表はす稱である。或説に內反りの劍を鎌に思惟して形容的に草薙と名付けたといふは、餘りに形にのみ捕はれたる説である。

熱田の語原

日本書紀一書に、草薙劍は熱田祝部の掌る所の神とある。天神アンヌを祭る祝を天野祝（神功紀）といひ、月神シンを祭る祝を小竹祝（神功紀）といふ。即ち知る、熱田祝は軍神アッダドの祝なるを、原始時代の神社名、人名、地名等は殆 祭神名に起因する一般の例なるに因るも察知せらるゝのである。

景行紀に、日本武尊が駿河國に於て遭難し給へる記事を掲げて、

賊有㆓殺ㇾ王之情㆒、放ㇾ火燒㆓其野㆒。王知ㇾ被ㇾ欺。則以ㇾ燧出ㇾ火之、向燒面得ㇾ免……故號㆓其處㆒曰㆓燒津㆒。一云、王所ㇾ佩劍叢雲、自抽之薙㆓攘王之傍草㆒、因ㇾ之得ㇾ免。故號㆓其劍㆒曰㆓草

草薙劍は軍神であつて之を佩くべき器物に非ず

日本武尊は軍神の名

熱田神宮尾張鎮座は倭姫命巡教の時

薙一也。

と載せ、前者は益頭郡焼津神社、後者は有度郡草薙神社の説話である。草薙神社は有度郡有度山卽ち今の久能山の傍地に鎮座し、有度はスメル語のウツ又ウト(Ut)日神名で、有度山の海濱は天女を以て有名なる有度濱である。草薙神社は本來有度神社たる疑があり、天孫人種系統の所祭で、其地の御穗神社はチアム語のミホ(御火)でチアム系統の所祭なるが故に、この兩社は説話發生の原所たるが首肯せられる。

併し草薙劍は神聖なる軍神であつて、斷じて單に之れを佩くべき器物ではない。熱田神宮に劍を祀りて之れを日本武尊といふは、軍神アッダドの稱名であつて決して皇子ではない。此の記事と草薙神社の名稱は、草薙の名義を誤解して野火の説話と混淆したるもので信ずるに足らぬ。熱田神は東夷防衛の軍神として、倭姫命が尾張中島宮に於て尾張氏に託し、後此の地に鎮祭されたるものなるは其章に述ぶるが如くである。かくアッダド神を祀るに因りて熱田神宮といひ、地名をも熱田といひ、それが暴風雨神なるに因りて草薙劍といひ、軍神なるに因りて日本武尊といふ譯である。

かくて一方天叢雲劍は日本書紀に、

天叢雲の名稱は暴風雨の勇猛を現す語

草薙叢雲二劍の混淆

素戔嗚尊乃拔二所レ帶十握劍一、寸二斬其蛇一、至レ尾劍刀少缺。故割二裂其尾一視之、中有二一劍一、此所謂草薙劍也。一書曰、本名天叢劍、蓋大蛇所レ居之上、常有二雲氣一、故以名歟。至二日本武皇子一、改レ名曰二草薙劍一。

とある此の神話の主神素盞嗚神は、前出雲派チアム系の神で、チアム系に次で朝鮮ツングース系後出雲派が銕の刀劍を帶びて侵入し、石見出雲の銕を以て劍を鍛へるに妙技を得た。出雲神話の大蛇の尾から出たといふ天叢雲劍の名は、これ亦本來風雨雷神の勇猛を現はす名稱である。然るに神話に大蛇の上、常に雲氣あり云々と云ふは迷妄に過ぎぬ。この劍は素盞嗚神が大日孁貴へ奉られたといふ說話で、素神は神話に因るも暴風雨神であり、劍も暴風雨神の表像である。

要するにチアム系前出雲派の軍神は、十束劍を持つ暴風雨神たる素盞嗚神であり、ツングース系後出雲派の大日孁貴に從ふ軍神は、經津魂劍たる建御雷神卽ち風雨雷神であり、又大日孁貴の寶劍は天叢雲劍である（皇室と高天原神話の章參照）。然して皇室の軍神は熱田神たる草薙劍である。故に二劍は出雲派と天孫系統と出所傳來を異にし、本來異名異物である。

然るにこれを混淆するに至れる理由は、右の如く劍は同一の暴風雨神なること、同じく日神の剣なること、皇室の日神と後出雲派の日神と、其の同一神たる思想の一致からである。神話に叢雲剣を天照大神に献つたといふは、實は前出雲派（素戔嗚神）、對後出雲派（大日靈貴）の神話であつて決して皇室に關係しない。然るに皇室の日神ウチの大神を天照大神と唱ふることになりて、二剣を同一物の如く迷誤するに至れる譯なるが故に、叢雲剣は熱田神宮には斷じて納められては無い。熱田神宮の傳に、正殿は日本武尊一座にて、後世素戔嗚神等の四座を併祀せらるとあるは事實の經過を物語つて居る。其の草薙剣を祀りて日本武尊といふは、必ず武神アッダドの稱號であつて、軍神たる神劍を佩くといふも之れを證して餘りがある。蛇の尾から出たといふ天叢雲剣は、單に神話であつて固より事實ではない。

草薙剣の形式製作の時代及金屬質は勿論不明である。第二圖アッダド神の持つ劍は雷光形で、第三圖ニンギルス神は槌矛を持ち、アッスリナジルバル王の佩く劍は、日本書紀一書に大來目の佩く頭槌剣に一致し、東洋のそれに酷似する。古代バビロニアに於ては銅製であるが、新バビロニア時代の兵器は鐵製を使用した。同族たるアッシリアは、紀元前七二〇年紀比ヒッチト人から得た鐵器を用ひた。アッシリアの新サルゴン王の城跡から鐵製の兵器二百噸を發掘したる事實がある。尾張國風土記に「劍有レ光如レ神、不レ把二得之一」とあるは、物質的でなく宗教的である。又劍拔け出で、草を薙ぐといふは、縷說の如く暴風雨神の勇猛を現す名稱なるを誤解して、剣の動作と爲すものであるから、其の質と形とを決定すべき徵證とはならぬ。

第三節　八坂瓊之五百箇御統は月神シンの表像

八坂瓊之五百箇御統は、神璽として歴代皇位の天表とし給ひ、至尊の御身を遠ざかり給はぬ傳統的習慣であらせられる。それには必ず深き由緣があるであらう。古代バビロニアに於ては、金屬製新月形の頸飾又は垂下飾を使用した。第四圖の二、ラガシ市王國の君主某の石像、其の他神像等に新月形の頸飾が見えてゐる。原田氏も八坂曲玉は新月形と說れた。鏡は日神の表像、頸飾は月神の表像であつて、月神シン（Sin）の女神を身近く守護神とせられたるのである。かく頸飾は本來新月形であるが、沿革して第五圖一の如きバビロン出土の長圓形玉製がある。これは八坂瓊の五百箇御須麻流たるに相違あるまい。八坂のサカはツングース語のサカ（Saka）清き義で、清き玉を意味する。舊說の尺の義ではない。

この御統玉を古事記に、御倉板擧之神とあるは御位種子之神の義で、皇位の天津璽たる月神の表像の義であつて、決して舊說の倉を置所と解したり棚の字義ではない。

三種神器の一を普通に曲玉と信ぜられてゐるが、それは日本書紀の一書に八尺瓊之曲玉、また古事記に八尺勾璁之五百津之御須麻流之珠とあるに因るものであつて、日本書紀の本書には

曲玉は蠻風から發生

八坂瓊之五百箇御統とのみ載せて、決して曲玉とは記されてゐない。曲玉は本來朝鮮ツングース（豚の義）民族の風俗であつて、馬韓先住民の風俗から移つたといはれてゐる。曲玉の形式は考古學上本來獸の爪を貫き裝飾としたるに原因すると謂ふことであるから蠻風であつて、宗教的には何等の價値を有た無い。尤も曲玉を以て神人たる表徴と爲すも、之れは本來の思想ではない。天岩戸の神話に曲玉を榊に附けたとあるは、ツングース系の風俗であつて、この神話は下說（皇室と高天原神話の章）の如く、本來前後出雲派の神話と、皇室の說話と混成せられたるものである。故に一書や古事記に曲玉とあるは、神話や風俗の本源を異にする次第である。

固より三種神器の一たる五百箇御統は、果して新月形であるか、長圓形の玉製であるか、或は曲玉であるか、之れを伺ひ奉るすべもないが、併し皇室の傳記たる日本書紀本書に曲玉と記されずして、單に八坂瓊之五百箇御統とあること、本來鏡は日神ウツ男神の表像、頸飾は月神シン女神の表像、劍は軍神たるアッダド神の表像であること、三種神器は其の名稱の如く神であつて斷じて單に器物ではない、古來智仁勇の三德に配するは、日神月神武神の神德として價値がある譯である（バビロニアに於て日神は正義の神、月神は智慧の神として信ぜられた。又エリヅの光明教で日神は生命の神、文化の神、智慧の神、慈悲の神と信ぜられた）。然るに獸の爪に模したる曲玉では其の意義を成さないこと、天皇の錦旗に日月の像を表はし、軍旗に二引龍即ち暴風雨神の表像を用ひる思想は、必ず原始時代より一貫したる宗教的意義が存在するに相違ないこと、以上の理由に因りて斷じて曲玉でなく、新月形又は長圓形玉製の頸飾、垂下飾なることが推定せらるる譯である。

玉の語原

玉をタマといふ國語は、セミチック・バビロニアン語のチアマット（Tiamat）又はタマト海或は海神の義の下略で、海神豐玉彦、玉依姫の玉も海又は海神の義である。それが蚫玉は海神の靈（靈をタマといふは梵語）と思惟せられ、轉じて蚫玉の名となり、遂に玉の總稱と成るに至つた譯と思はるゝから、タマ（玉）といふ國語はバビロニア語の變化と知られる。

第三章　菊花紋章は旭日の美術化

バビロニアの紋

世界に於て十六瓣の菊花紋章は、何と申してもバビロニア、アッシリアが本源である。第四第五圖の如く、バビロニアには我が國の菊花紋章があるばかりでなく、花菱、龜甲、舞鶴、揚羽蝶、三桝、三階菱、四ツ目結、九曜等我が國の紋が明確に存在する。第一圖の神座の上部及

第十五圖、第十六圖のバビロニア境界標等には神紋が刻まれてある。

バビロニア、アッシリアの菊花紋は旭日の變化である。スメル國の神といふ象形文字 は太陽の光輝を表はすもので、この八光を倍加すれば十六光線となり、第十七圖二、ナラムシン敵人征伏圖の十六旭光神紋は菊花紋の原型であつて、それが第六圖のアッカド市イスタル神宮門殘壁の菊花紋、バビロン行列道路の煉瓦壁の菊花紋に進化し、殊に第七圖シッパル市發見の記念碑の菊花紋、アッシリアにて發見の金屬打出製盆の菊花紋は後世の形式と寸毫も異らないのである。

かく十六旭光が進花して花形となり、十六瓣の菊花紋樣に變化したるものなるが故に、菊花紋章は太陽と光輝を表はす象形に發したることが知られる。舊說の如く決して菊花に原づくものではない。バビロニアの菊花紋はサバ王國、ヴアン王國、波斯王室の紋章として用ひられた。併し希臘では十二瓣を用ひた。バビロニアでも十六瓣に固定したるは後世のことである。

また其の八光を半減すれば十となる。十字を神聖なる咒符とするは、殆太古に於ける世界各民族の共通であつた。併し其の本源はバビロニア、アッシリアである。楔形文字の は「アッシリア語の初步」に、バル Bar、パル Par（共に日神の明なる義）、アサリヅ Asaridu（慈悲の神の義）と按讀ぜられてゐる。八光線より成る神字の略たる神字イル は十字架を吊つた形

皇大神宮の花菱紋

日像紋

越智族の紋は日神文字

である。ニムロドの廢墟より發見せられ現今英國博物館に保存せらるゝチグラスピレサル王の立像の胸には、グリーキ式十字架を掛け、第三圖の二、アッスリナジルバル王肖像の胸にも、アルテス十字架を掛けた。其の他埃及、猶太、フォニキア、スカンヂナビア、デンマルク、ゴール、印度、支那、日本等で用ひられた。基督教の十字架、印度のスワスチカ卍（朝暾の光輝輪轉の像）の如き、或は晋書に「蒸餅上不レ折二十字一則不レ食」とも、東鑑建久四年五月富士野の狩の段に「被レ祭二山神矢口等一、江間殿令レ獻レ餅給……次召二蹈勢子輩一、各賜二十字一被レ勵二列卒一」。また同九月伊豆國の狩の段に「備二箭祭餅一……凡含二十字一之體、及二三口一之體、各所二傳用一、皆有二差別一」とあるは、支那思想であるが其の本源はバビロニアの十字呪符に在る。島津の紋十字又は丸に十字も呪符で、バビロニア人の印度支那等に交通したることは幾多の徴證がある。

バビロニアの花菱紋は、支那朝鮮にもなく、古來伊勢大神宮の紋であって、伊豫大三島神社の金象眼入古代鉾の袋柄にも刻まれ、全く日バ特有の紋である。花菱は本來バビロニアの十字バルの美術化であって、日神の紋章として適當する。日像紋の如きも十字に光線を配して神字を表はしたものである。

伊豫の小市國造越智族は、スメルの日神稱名の氏族で、日神ウツを大長宇津神社に、海神を大三島神社即ち大山積和多志大神と稱へて祭祀した。然して其の越智河野の紋は、本來菱

大三島神社の紋は海神の紋

◇で、大三島神社の紋は本來龜甲⬡である。菱はスメルの楔形文字の日神ウツ✧である（象形字は◯で、楔形字は粘土板に記るす便宜の爲め、丸を菱卽ち四角に變じた）。龜甲はバビロニアに於ける海神の表像で彼我一致するのである。つまり日神稱名の氏族たる越智族は日神字を紋とし、其の祖神として海神を祀る大山積和多志神社には海神の紋がある譯である。それが大三島の元名ヌヌ（魚卽海神）の島、轉じてノノの島といひしを、チアム系國語ミ（御）の尊稱を以て三島と稱ふるに至りて、大三島神社の紋は角切折敷三文字に、越智の紋は稜折敷三文字に變化し、遂に後世祖神の角切折敷三文字を用ひるに至つた。

家紋の起源は平安朝末期頃といはれてゐるが、併し大三島神社の紋、越智氏の紋の類は單に暗合とは思はれぬ。必ず家紋の起るには所用すべき根據があり、神紋にも其の深因があるであらう。深因根據なくして起りたる多數の例を證として、潜在的史的事實を顧みざる如きは吾人の取らざるところである。

我が皇室の菊花紋の起原を舊說に御袍の織紋に原づくと爲し、菊花の美術化といふは俗說に過ぎぬ。菊花等の紋は家紋としてはとに角、模樣としては古代の美術工藝に使用せられた。我が皇室の菊花紋章の來歷は、後鳥羽上皇の親ら作らせ給へる刀莖に十六瓣の菊花紋を彫つけ給へりといふの外、審かでないと謂はれてゐる。固より皇室の御紋章と定められたるは近古以來

楔形文字は日本へ傳來せず

とするも、天皇をスメラミコト、ミカドと申すことが既にバビロニア語の神の義であり、日神の御子たるアグツ神の御紋章の旭日を美術化したる所謂菊花紋章であることは、太古に於ける宗教思想から觀ても最も自然であり合理的である。成程我が皇室の菊花紋は、傳統的に何等記録の見るべきものは無いが、併しバビロニア將來たるは、日神ウツの神を天照大神、外宮奈具神を豊受姫神と申し、或は三種神器の名稱を始め建國人種の言語美術工藝宗教の類は、常に裏面に隠れたるを思ふ時は、紋様等の傳來も其の眞相の煙滅に至れる疑がある。若し然らずは直接の傳來でなく、バビロニアより印度に傳りたるものが支那又は朝鮮等を經て、上世輸入せられたと見るのが妥當であらう。其の何れにしても旭日の美術化たるに相違ない。楔形文字に就ては今日の程度では不明であるが、虞らく日本へ傳來したとは思はれぬ。

猶皇室の淵源を徴證すべき大事實として、皇室の所祭神祇並原始時代に於ける宮都の研究は最も必要であるが、これは便宜上第三篇大隅、吾田、伊勢、尾張、紀伊及皇室と神祇の段に述べる。

第三篇　天孫人種系氏族と所祭神

第一段　天孫族

第一章　大隅國天孫と鹿兒神、內山田神、筒之男神

第一節　天孫降臨の靈跡高千穗、韓國嶽の語原

皇孫瓊々杵尊日向の襲の高千穗の峯に天下り給ひ、膂宍の空國を頓丘から國覓行りて、吾田の長屋の笠狹碕に到ります。其の地に一人あり事勝國勝長狹と號る……皇孫就て留住ますとは古典に記されてある。この神話の地名人名等を明確ならしむるによりて、日本建國史の謎を解き得ると共に、天孫人種の本源を此の地名人名等の中に物語つて居るのである。本來日本民族を構成する原始人種には、アイヌ派を除き、倭人派、隼人前出雲派、後出雲派等がある。併しこれ等人種の言語にては、天孫人種に關係ある地名人名または神名等を解釋することは到底不可能である。然るに獨、スメル語とセミチック・バビロニアン語によりてのみ氷解し得るは痛快である。尤

も本章には主として大隅國に屬するものを說き、その吾田國に關することは吾田國主長狹族の章に述ぶ。

火瓊々杵尊――アグツ（火）神の天降を語る高千穗峯は一に霧島岳といひ、日隅の國界に亘り、東西の二峯ありて、東岳を高千穗といひ、西岳を韓國嶽といふ。韓國嶽の名義は、火之迦具土神たるカグの變化で火山稱號である。古事記天降の段に「笠沙の御前にまぎ通りて詔り給はく、此の地は韓國に向ひて朝日の直刺國、夕日の日照國なり」とある韓國は、卽ちこの嶽の稱で、延喜式、贈於郡韓國宇豆峯神社は、今姶良郡東國分村大字上井に在りて、此の嶽を望祭したるものである。宇佐託宣集に「日州辛國城蘇於峯に還り來る」。また宇佐記に「辛國城八流之幡降、辛國地名、在二大隅國曾於郡一」と記する如き皆これである。

韓國嶽のカグの嶽なる由を說明する前に先づ火神カグは、スメル語の火神アグ（Ak）の轉訛なることを承知したい。アグは楔形文字で、

An (ilu)　A k
(神)　火神

と記し、アン（An）は神の決定詞で、セミチック・バビロニアン語でイル（ilu）ともいふ。ス

伊雜宮

伊射波の言義

生田神社

メル語も神名等の宗 教語は後世まで用ひられた。

我が國に於てはアグをアゴともいつた。それは日本書紀神功皇后三韓征伐の時に現れ給ふ神に、吾田節の淡郡に所居神とあるは、志摩國を舊、英虞荅志淡郡と唱へ、後に英虞郡荅志郡となり、此の神は伊勢大神宮の別宮伊雜宮であつて、延喜式に荅志郡粟島坐伊射波神社二座と載せ、舊說に、大神宮の御妹（一說御子）稚日女尊を祀る、卽ち神功紀三韓征伐後に武庫の生田に祀る神であると說かれ、其の英虞は、スメル語の火神アグ、荅志はアグ神の配偶神タシメーツ（Tašmetum）の下略で、タシを緩和して音便にタウシと稱へたるものである。淡郡のアハはスメル語の海岸の義、伊射波のイは伊勢、伊豫、伊豆に同じく助辭、ザハはアハの變化である（橘小戸阿波岐原の段參照）。

バビロニアに於て火神アグは日神ウツの子である。稚日女といふは日神の子火神を意味する倭人語を以て申したる名稱で、本來ヒメ（日女）ヒルメ（日孁）はモン・クメール語及びその系統の韓語の日の女神の稱である。國幣中社若狹彥神社はワカウツ卽ち若日神の義で火神が祭られたると同例である。神功皇后凱旋後に此の神を祀る生田神社のイクは、アグの轉で、タは吾田、山田と同語助辭。かく彼我相符合するに因るも、伊射波神社二座は必ずアグの神と配偶神タシメーツの神なることが肯定せられる。伊勢國安濃津（今の津市）のアノはバビロニアの天神アヌの變で、上古の四大津（難波津、吾田長屋津、儺津）の一であつた。津市東南の灣狀を阿漕浦といふアコギのキは赤城神社のキと同語、古韓語の森、卽神社の義、又は阿波岐原、阿波羅岐島のキと同語助辭で英虞と同語、また同市の北部を塔世といひ、安濃川を一に塔世川といふは荅志と同語である。

阿久比は雨神

アグをアゴと訛りたる例は、尾張國丹波郡阿具麻神社は國帳に從三位吾馬天神とある。併し祭神は火神なるや明でない。同國知多郷阿久比神社は本國帳に從二位英比天神と記し、和名抄に知多郡英比郷とあるを後世阿古屋郷に訛つた。併し此の神は脚咋君、穴咋と同語、アは穴師、阿夫利神社に同じく雨、クヒは中島郡目咋村裳咋神社、裳咋臣祖神とある咋、大山咋神、三島溝咋と同語、チアム語の人の義で卽神を意味する。故に阿久比は雨神の義と知られ、從つてアクの神でなく所祭人種を異にする次第であるが、アグをアゴに變化せしが知られる。

飽波神社

神武帝の行在所といふ吉備國兒島の宮浦隣地の飽浦は原語のまゝである。延喜式、駿河國益頭郡飽波神社は、類聚國史に「孝德天皇大化三年丁未春、令㆔阿倍大臣蒐㆓葬河國益頭郡飽波山鳥

韓國はカグ（火神）の轉訛

獸一、以二千級一算レ之、神官負レ幣出二神饌一、歎レ爲二穢汚一、列卒不レ聽レ之……」とある神社で、アクは火神、バは助辭、筑波山のツクは月、バは助辭と同例、飽波を和名抄に阿久奈美と注するは後世の誤である。當社は今志太郡藤枝町大字益津字岡出山鄕社飽波神社で、祭神少毘古那命とあるは迷誤である。

また轉訛してアキ、アカともいつた。安藝國名の本源たる飽速玉神は、大和國阿紀神社祭神秋姫命に同じく火神名であり、遠江國秋葉神社は、飽波の轉で火神が祀られ、明石國造の祀る明石神は火止るの神であり、紀伊國和哥浦の古名を明光浦といひ、其處の玉津島神社に火神が祭られてある。阿多古神社はアゴの變で仇子ではない。火神アクを變化してカグ、カゴ、カコ、コなど稱へたる例は次に述べる。

カグをカラクニ（韓國）に轉化の可能性あることは、バビロニアの火神が印度に入りてアグニ（Akni）と唱へられたる如く音便でカグニとなり、更にラの助辭を添へてカラクニに變化した。ラの助辭は夜をヨラ、火をヒラ、海江を度會と同例緩和の語、嶽はセミット語系に屬するアラビア語のダク（Daku）小亞細亞語のダケ（Dake）も同語である。韓國嶽は有名なる休火山で、山腹には周圍二里に餘る大噴火口の大池があるによるも、火神カグの嶽なることが察知せられる。韓國といひ高千穗といひ或は霧島、矛峯、或は夷守丘といひ、共に火山を神聖視したる名稱である。

霧島山の義

矛峯の義

夷守岳

高千穂峯は千火の峯の義で噴火口の多数ある稱、日向風土記に稲穂の義となすは誤である。(火をホといひ、穂、稲共にマラヨ・ポリネシア語)。霧島山はセミチック・バビロニアンの火神ギビル(Gibil)嶽であらう。それを倭人語系國語により誤解して霧島山といふ次第であらう。また槵日之二上とも、高千穂の槵觸之峯ともいふ、言義は奇火嶽の意、ヒをヒラ、轉じてフ、フルといふ、ル、ラは助辭、火をヒといふはモン・クメール語で、高千穂、韓國の火の二神の嶽と解すべきである。舊說に怪火降る嶽といふは採るに足らぬ。

また高千穂峯を一名矛峯といふホコは、チアム系古國語であつて火の男神の義、ヒコ卽ち日の男神と類語で、安曇連の祖穂高見命一名穂己都久命、越智直の祖先といふ御鉾命、伊豆國造の祖天蕤桙命、攝津住吉神社末社鉾社、信濃國穂高嶽等その例證は少くない。後世武器の矛に誤解して山上に矛を樹立した。其別峯夷守岳のモリは韓語の山で火山の義。

韓國嶽の名義に就て本居宣長翁の說に、

韓國の韓は借字にて空虛國の義にて、卽書紀の空國なり。さて膂肉空虛國は書紀口訣に、膂宍之空國荒芒地。仲哀紀曰、熊襲國者膂之空國也。膂脊也無レ肉以譬ニ不穀之地一といひ、纂疏に空國則不毛之地とあり、これらの意なり。

と記し、空虚の義に誤解した。それは既に遠く日本書紀編纂者が迷誤して膂宍空國の字を宛たのであつた。宜しく膂宍の字を削りて空國をカラクニと訓むべきである。卽ち高千火山に天降りて、西方の韓國岳を經て笠狹へ到り給ふ道順である。三韓のカラは開墾した平野の義であり、バビロニア語のカラ（Kala）は、一切萬有、世界、果て等の義なるが故に共に類似語とは想はれぬ。然れば韓國嶽は火神カグの嶽で、カグはスメル語のアクの轉訛なることは更に疑ひがない。

第二節　第二王都と神祭

第一　鹿兒神

一　鹿兒神は火神

官幣大社鹿兒島神宮は、大隅國始良郡西國分村宮內、舊內山田村內に鎭座し、祭神は天津日

鹿兒は火神カグの變化
鹿兒島市名稱の起源
島の語原
火神アクの變化の例
香山の畝尾の泣澤女神は火神カグ

高彦火火出見命で、延喜の制名神大社に列し、一に大隅正八幡と稱へられたる名社である。百圖考に、

大隅國八幡宮をば方俗正宮とも稱し奉り内村に鎭座す。昔時此邊廣くかゝりて其地名をば鹿兒島とぞ呼びし、今も社頭の南に鹿兒の山などいふところあり。

と載せ、此の地方をカゴと稱へた。鹿兒とは火神カグの變化で其の本源は固より所祭のアクの神並に韓國岳に原因する。故に當社が韓國岳に關係を有つは明である。今の鹿兒島市は當社の分祠たる延喜式内縣社鹿兒島神社の鎭座以來の襲名であつて、固より之れに關與しない。島といふは倭人語で海陸の逼りたる義、この地は天降川で地形の逼りたる故に島といふ。攝津三島は淀川に、伊豆三島は狩野川に因り、神の鎭座地を尊敬して三（御）島と稱へたると同例である。

火神アグを轉訛してカグ、カゴ、カコ、コ（香、鹿兒、香吾、加古、籠）など稱へたる例は少くない。火明族の祖天香吾山命は大隅國鹿兒山の襲名で、大和國の天香山も火神カグが祀られたる名稱である。それは古事記に據るに、册命が火神を生み給ふによりて身罷り給へる時に、諾命の御涙に成りませる神、香山の畝尾の木本にます泣澤女神とある神話によるも、香山の

カグの神は雷神

泣澤女神は雷神

火神に關係あることが知られる。神武紀に「取二天香山社中土一以造二天平瓮八十枚一並造二嚴瓮一而敬二祭天神地祇一」とある香山社は火神の社で、延喜式畝尾都多本神社が卽ちそれである。其の故は添上郡春日の香山の地に鳴雷神社があり、紀伊國鳴神村にも香土神社がある。伊豆國熱海町伊豆山鎭座縣社伊豆山神社は、延喜式の火牟須比神社といひ、祭神火牟須比命で、相殿に雷電社祭神火牟須比命荒魂とある。火はチアム語、雷神はモン・クメール系の語であつて、雷神も火神といふ思想である。國幣大社大山祇神社の末社轟神社に泣澤女神が祭られてある。轟は雷神で之を泣澤女神といふは、原始時代に於ける倭人、チアム系等の幼稚なる思想では、雷は大自然の慟哭とも感ぜられたであらう、然れば香山の畝尾の木本の泣澤女神社が、本來香具神なることが斷定せられる。播磨國加古郡加古、賀茂建角身神の妃といふ丹波國伊可古夜日女の可古の如き、丹後國與謝郡國幣中社籠神社は正しくはカコ神社で、省略してコ神社といひ火神が祭られた。天兒屋根命は火神稱名たる枚岡神社の祭神であり、伊豆三島神の后神といふ伊古奈姫は、火山造地の神で共に單にコと稱へたる火神名である。

火神アグをイク、カグ等に變化するは奇なる如きも決して然らず。隼人、前出雲派の祀る月神をアツキ、アヅキ（厚木、小豆）、イツキ（伊都伎、伊月、伊筑）イチキ（市杵、市往、市木)、ヲヅキ(小月、小槻)、カヅキ(香月、堅木)、キヅキ(杵筑、木月)、等に轉訛せると同例であるから怪むに足らぬ。況や火神が祭られたるに於て更に疑ふ餘地がない。

二　火火出見尊の原名

かく鹿兒とは火神アグの轉なるが故に鹿兒島神宮の祭神を火火出見尊と申すに符合する。併しこれは天降神話神の御名であると共に、皇室の御祖先たる歴史的實在の御方である。それは王名に神名を以て呼ぶは既說の如くバビロニアの習慣であつて、バビロニアの諸王は殆 神名を以て稱へられたるによりて知られる。國王以外に於ても好んで神名を以て名とした。その例はブルーノ・マイスナー著バビロン法梗概の物權貸借 證文中に見えたる一二を左に掲げる。

(甲) 二セケル二分の一、十六シエの銀並に四八〇カの穀物、何れも無利子にてアガナヌの娘(王女)なる日神の尼僧アマトシヤマシ(シヤマシは日神の稱、アマトは尼で神人の義)より、バーテの息子なるシン(月神の稱)ブルタ之れを借入れたり、彼は收穫期に此無利子消費貸借債務を辨濟すべし。アガナヌの玄關に於て彼は貨幣を衡り穀物を秤るべし。

(乙) イル(神)エリバの息子シニ、イシタル(イシタル女神の稱)の建てたるピルヒユの息子等の家屋を彼シニ、イシタルは十年間住居として使用す可し……。
（丙）シン（月神）ベル（主神）アブリの息子なる裁判官アウイル、シン及びイルカ、イブニの息子なるシン、イムゲラニの所有に屬する家屋を其從物共書記アイ、イギシヤが一年の賃料を支拂ひ住居として賃借したり、彼は一年間の賃料として五セケルの銀を支拂ふ可し……

とある、右は今を距る約四千年以前の事實である。皇室の御祖先が神名を以て申されたることを推知すべきであらう。

本來火火出見尊の名は、マラヨ・ポリネシア語系國語で申す火神の汎稱なるを、日本書紀編纂當時に於て、皇室御祖先の專稱とせられたる譯で、原名はアグの尊、轉じて鹿兒尊となり、此の御名は信仰神たると共に皇室の御祖先の稱名であり、隨つて火明命の子といふ天香吾山命はアグの變で、大隅內山田の鹿兒山の稱名なること、天皇の尊號明津神は火神アグツ神で、火瓊々杵尊以下歴代の火神尊稱はアグ……尊と申されたるを改稱せられたること、尤もアキツ神の尊號は明津神、現神の義に通用せられて存在したる譯が肯定せられる。併し鹿兒島神宮の祭神は、本來ウツの神ヤーの神と共に祀られたるアグの神であつて、斷じて史的御祖先でもなく、單に韓國嶽に原因する火山崇拜でもない。

火火出見の名義は穗積と同語、マラヨ・ボリネシア語のホホツミでホホは火の重音、ツミのツは助辭ノ義、ミは敬語の御で神の義、和田津見、安曇、日積、日高見、穗高見と同語である。

序でながら自然崇拜を以て野蠻視するものがあるが、併し宇宙間より自然を引去らば森羅萬象何物も存在しないであらう。無論迷信は非なるも自然の靈威を認識して敬虔の態度を有つは禽獸にあらざる人類の特權であると信ずる。此の意味に於て火を火神とし、水を水神、宇宙を天之御中主神とが、眞如ゴットなど觀念してこれを神聖視するは物質世界と共に情的世界の存在する所以であつて尊重すべき事柄であらう。然るに全然自然崇拜を嫌惡するは、神聖の世界を破壞し自ら墮落せんとするに過ぎぬ。宇宙の靈威は統一すれば一神であり、分解すれば多神である。一神教といひ、多神教といひ其見方を異にしたに過ぎぬ。又世間には祖先崇拜を迎合して自然崇拜を排斥せんとするも、併し之れ等は祖先崇拜なるものが、自然崇拜の範圍に屬するを知らざる者である。即ち我々の生命は宇宙の大生命の表現であつて、小我としては異別あるも、大我としては一物一體たるが故である。殊に神社祭祀は數千年前のスメル時代より宇宙の大生命を民族の大生命として崇拜したのであつた。

第二　內山田神

一　內神は日神

鹿兒島神宮の鎭座地を舊内山田村大字內といふは、皇室第一の王都たる薩摩國加世田の內山田、伊勢の宇治山田、皇大神宮を內宮、尾張連の祀る內神に同じく、スメル語のウツ（大陽、日神の義）の轉訛である。楔形文字で、

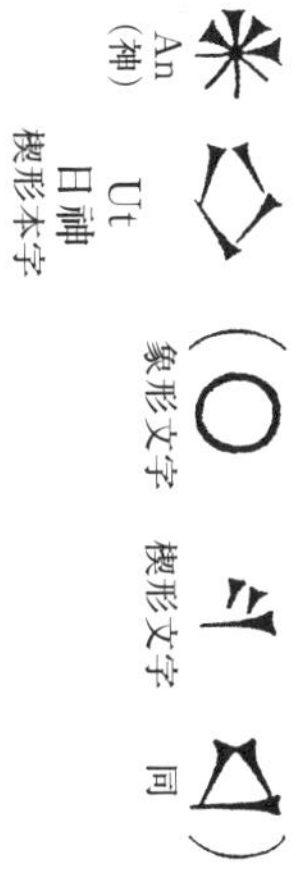

An（神）　Ut 日神　楔形本字

象形文字　楔形文字　同

と記す。原田氏はバビロニア神道の題下に、日神ウトは我國に於てウサ、ウス、ウト、ウツ、ウヂなど變化した。紀州の名草郡はサグウサで、ウサはウトの變化、ナグは神の鎭護せらるる土地であると說れた。我が國に於て其原語のまゝ傳りたるものには、下毛野國造の祀る宇都宮市の宇都宮神（二荒山神社）、伊豫小市國造の祀る大長宇津神、長門國穴門國造の祀る宇津神、

豊後の宇津宮（珍宮）、また大隅國東國分村の韓國宇豆峯神社の如き皆日神に關係する。神社覈録に「宇豆峯は烏頭美禰と訓む」。また三國神社傳記に「宇豆峯は俗に矢嶽ともいひ、韓國嶽と宇豆峯とは今其間相去ること里許もあるべし」と見え、宇豆峯は高千穂山の東峯である。

ウヅを宇治宇門に變化の例

明治神社誌料に引く韓國宇豆峯神社の社記に據るに、

舊社地は現社地の嶺に在りて土俗宇治と稱す。今の地へ遷座は永正以前なるべし。又當社所在の字を内門と云、内門は宇豆門なりしを後世内門と訛りしならん。

と記し、神社名をウヅと呼び、鎭座地を内門と唱へ、舊社地を宇治と稱するに依りて、ウヂ、ウトはウツの轉訛なることを證し、宇豆峯は日神の峯の義で、此の神社は日神と火神とが並祭せられたることが察知せられる。

宇智神社

延喜式に大和國宇智郡宇智神社は、今宇智郡宇智村郷社宇智神社で、神祇志料に「内臣祖孝元天皇御子彦太忍信命を祀る」とあるが、人を祭るは中古以來の習慣なるが故に日神ウツの轉ウチで、皇室及天孫族の祀る日神は内神と申された。鹿兒島神宮の分祠といふ鹿兒島市外に在る縣社鹿兒島神社も一に宇治瀬神とも宇津佐神とも稱へ、その川を宇治川ともいふに因りて、之れまた日神も祀られたることを證する。

二　山田神たる八幡神は海神

鹿兒島神宮の鎭座地を內山田といふ山田は、加世田の內山田、伊勢の山田と同語で、本宮を一に大隅正八幡といふ。宇佐神宮の第一殿八幡宮も亦舊趾を小山田といひ、二社共に鎭座地を山田といひ祭神を八幡といふ。この山田神たる八幡神は如何なる神性なるや古來大疑問とせられ、未だ嘗て說明を加ふるに至らないのであるが、天孫人種の言語を以て解釋すれば甚易々たるものである。それは山田、八幡のヤーはスメル語の海神エア（Ea）、またヤーの名であつて、タは吾田、廣田、生田、長田、猿女君の祀る賣太神社に同じく助辭。海神エア卽ちヤーの名はスメル人の歷史の初期より見え、楔形文字で、

An (ilu)　E　a

と記し、エ（e）は家又は宮の義、ア（a）は水の義で天神アヌ、地神エンリルに對して水(海)神となる。本來の神名は審かで無いと謂れてあるが、併しアッダ（Ada）神であつて、ア

は水（海）、ダは助辭、卽ち水（海）神の義で和多（海）の原語である。エア又はヤーは水宮の義で、信徒は神名を避けて社名を呼ぶ譯である。

ヤーの神はエリヅ港の主神で、またエンヌといふ、ニンは主の義、ヌは天神アン（アヌ）をアンヌといふ如く助辭、主神の義である。

山田の名稱はこの外、長門住吉荒魂神社所在地の山田、儺國の小山田、上名古屋綿神社所在を山田郡といふも總て海神鎭座地の稱で、本來八幡、山田、山津、大和、山城は海神ヤーの變化で、此神の鎭座に因る名稱である（吾田、伊勢、伊豫、大和、宇佐、茅渟、伊豆、安藝等の各章參照）。

三　八幡と祭神傳說

古來正八幡鹿兒島神宮祭神の傳說に就いて惟賢比丘筆記に、

大隅正八幡宮本緣事、震旦國陳大王娘大比留女、七歲御懷妊、父怖畏ヲナシ、汝等未幼少也、誰人子ニカ有、慥ニ申ベシト仰ケレバ、我夢朝日光レ胸覆所レ娠也ト申給ヘバ、彌驚テ御誕生、皇子共空船乘セテ流シ著所ヲ領トシ給ヘトテ大海ニ浮奉、日本大隅磯岸ニシテ著給ヒケル。其太子ヲ八幡ト號奉。依レ此船著所ヲ八幡崎ト名。是繼體天皇御宇也。大比留女筑前國若椙山ヘ飛入給、後香椎聖母大菩薩ト顯ハレ給ヘリ。皇子大隅國ニ留リテ正八幡宮ト祝ハレ給ヘリ。

とあるは固より無稽の說であるが、併し其の八幡崎の名は必ず八幡神に關するであらう。バビロニアに於てベローススの傳ふる古きエリヅの神話によれば、魚體の神オアネス毎朝海より出で陸に上り、人民に文化を敎へ、夕方に海へ還つたといふ神話がある。我が國に於ても海神豐玉媛、玉依姫が上つ國たる吾田長屋津、又は大隅國內山田の海邊（？）に來られたとある。本來吾田國長屋津（海神國の海神鎭護の津の義）には、ヤーの神が祀られて居り、それが後に分化して新神話の神たる豐玉姫、玉依姫の神話に成りたるもので、現に豐玉姫神は加世田の內山田に祀られてある。此の大隅の內山田正八幡宮に於ても、ヤーの神が八幡崎より上陸せられたといふ神話のあるべきは、日本書紀によるも察知せられる。然れば後世陳大王云々といふ附會の物語を揑造せられても、猶八幡崎といふ地名が說話の主要となる譯であらう。既に栗田寬博士は「こゝに八幡崎と云ふ地名あるは、八幡の神號の根源にもやあらん」と喝破した。同氏の八幡神考に右の正宮緣起にある陳大王說を引きて下の如く述べた。

陳大王之娘大比留女云々と云ふより以下いと妄誕にして古書に徴なけれど、この陳大王といふ事の自に彦火火出見尊の御事なる由かつ〲に知らる……、宇佐託宣集に「大帯姫者吾母耶、沙竭羅龍王之夫人也。竈門明神者吾姉云々」。また延喜廿一年筥崎の神託に「竈門宮は我伯母に御坐」とみえ、其系を起して龍王の娘に竈門、大帯姫、その大帯姫の子に八幡とあり、又大帯姫前者、龍王之夫人、今者龍王之娘也など云へる誣妄ながら此女神は神功皇后を申せるにはあらざる事、龍王之夫人また龍王の娘とあるにても著く聞こゆ……。八幡神は實は火火出見尊なるを、應神の事とせんとて、かく説を設けてかけるなり。また正八幡宮とは諸神記、一宮記に大隅國桑原郡鹿児島神社或は正八幡宮と云ふ由みえ、神祇抄に「大隅國正八幡火火出見尊也、與二宇佐八幡一不同。（こは宇佐八幡を應神天皇としての上より云る詞なれば與宇佐八幡不同とあるなり）。また神社覆録にも社傳祭二神火火出見尊とみえ、白井國柱が神代山陵考にも「謹按火火出見尊受二瓊々杵尊位一、嘗都二今大隅國桑原郡宮內地一、崩後其廟號二鹿児島神社一」とあるに據らば、八幡大神は彦火火出見尊にして、比咩大神は其嫡后豊玉姫におはす事明らけし。

正八幡鹿兒島神宮の祭神

日神をヒメ、ヒルメ、ヒコヒルゴといふ

とあるによりて舊說の概要が知られる。併し八幡神は火火出見尊にあらずして實は海神であり。比咩神は姫にあらずして、倭人語韓語の日神である。二十二社註式に、

大隅國正八幡、大御前大比留女兼右按之神功歟　南面應神若宮仁德西向武內

と記し、大御前の大比留女はモン・クメール語及其の系統の韓語で、太陽をヒ（日）、日神をヒメ（日女、比賣、姫）、ヒルメ（日孁、大比留女）といひ、ルは助辭、メは女で卽ち日の女神の義である。バビロニア語でもメ（me）は女の定冠詞である。これは日神を女神と觀た信仰であるが、バビロニアの日神ウツは男神である。廣田神社の向津姫、生田神社の稚日女、猿女公の祀る賣太神は共に日の女神、または若日の女神卽ち日神の子火神の義である。

又日神を男神と觀てヒコ（日の男神）とも、ヒルゴ（蛭子神）ともいつた。伊豫豆日子神、宇和津彥神、大吉備津比古神社の類である、アストン氏などが蛭子神はヒメ卽ち女の太陽に對する男の太陽の義と說いたが、物質的に觀たる太陽その物でなく靈的に觀たる日の女神、日の男神の義である。日本書紀の**天津彥**彥火瓊々杵尊は、古事記に天津日高に作り、大

日高見國

ヒメ（日の女神）を姫に誤る例

神座の順序は右上左下

祓詞の日高見國も下説の如く日神の稱名である。然るに之れを後世男女の總稱として、彦姫に轉用するに至り、日本書紀等の新神話時代に於て、既にヒメ（日の女神）を姫に誤解したる例は多々ある。

垂仁紀一書に、大加羅國より渡來せる童女比賣語曾神は、延喜式、豊前國田河郡辛國息長大姫大目命、忍骨命社であつて、比賣といひ大姫といひ實は大日孁貴の稱である。宇佐八幡の宇佐比咩神は日神なるを、豊玉姫或は宗像三女神或は應神の后など唱へ、攝津住吉神社の第四殿姫神社も日神なるを神功皇后と爲し、安藝國市杵島姫神は本來月神を祀る伊都伎島の日神の稱なるを、姫に誤解して宗像三女神の一名となし、下諏訪秋宮を賣神社といふも、日神なるを誤つて八坂刀賣、或は下照姫、神功皇后など稱するの類である。

その南面應神といふは、八幡のことであるから海神ヤーの神であり、若宮は天孫人種系の各神社に於ける一般の例によると、火神の稱名なるが故に火火出見尊に當る。西向武内は今末社に在る。當社は延喜式に一座とありて、鹿兒神が主神である。今社記に因るに、火火出見尊妃豊玉比賣命は同じ御帳臺に在し、相殿として仲哀天皇と神功皇后は左方（向て右）に、應神天皇と同皇后は右方（向つ左）である。本來右方の應神天皇は左方（向て右）に次列すべき順序であるから右上左下である。併し其祭神は地名社號傳說によるも火神海神日神が並祭せられた。殊に此地は海三神住吉三神の大本たる日向の橘小戸阿波岐原の本源地であるから一致して疑が無い（下段參照）。地理纂考に、正八幡鹿兒島神社のことを述べて、

今も毎年三月十日の祭日に一鳥居より二鳥居迄の間、所せまきまで店を出しさま〳〵の品を賣り鬻く、中に木製の鯛魚と化粧筥とを出すを舊例とす。化粧筥は彥火火出見尊海宮にて豐玉姫命と婚姻の式を傳へ、木魚は尊の釣を取りし赤女魚の故事に倣へりとぞ。

とあるは、此の尊の神話に據りたるものながら祭神の傍證とすべきであらう。

然るに後世宇佐八幡の應神說に因りて八幡を應神天皇となすは迷妄である。神祇志料及古事類苑の鹿兒島神宮例言に「初め火火出見尊を祀りて鹿兒島神社と稱せしが、後世に至りて應神天皇等を合祀するによりて、之を大隅正八幡とも稱す」とある如きは、固より謬言でいふに足らぬ。宇佐託宣集に、

欽明帝三十二年豐前國宇佐郡菱形大尾山有㆓靈異㆒之間、大神比義祈申時現㆓天童㆒言、辛

國の城に始て八流の幡を天降して我は日本の神と成れり……人皇第一代の主、神日本磐餘彦尊が御年十四の時、帝釋宮に昇り執印鎰を受けて、日州辛國、蘇於峯に還り來れるは是也。蘇於峯とは霧島山の別號也。

正八幡と宇佐八幡は本末の關係無し

といふは、韓國嶽へ鹿兒神卽ち宗教的より觀たる火火出見尊の天降を說きたるものである。八流の幡を天降すといふは固より海神ヤーを八幡の字に誤解したるに過ぎぬ。諸社根元記に「大隅國正八幡兩八流之幡顯坐最初垂跡之地也。自レ此有二八幡之號一」。また今昔物語、石清水行二放生會一語第十に「今昔八幡大菩薩前生に此國の帝王に御しける時に……初大隅國に八幡大菩薩と現はれ在して宇佐の宮に遷らせ給ひ、遂に此石清水に跡を垂れ在まして……」とあるに依れば、當社は八幡の本宮で宇佐八幡は其の遷座といふ說であるが、之を原始史より觀れば、宇佐の八幡と鹿兒島の八幡とは、其の所祭氏族の點よりするも別個單獨のものであつて、決して本來の關係あるべき筈が無い。併し當社を正八幡と呼ぶは海神發生の原所たる神話を有する橘小戸阿波岐原の本源地として、鹿兒神と共にヤーの本宮を意味する深き由緣が潛在するのである。

分祠たる鹿兒島神社祭神

正八幡に海神の並祀せられたるは右の如くであるが、その分祠たる鹿兒島市外の縣社鹿兒島神社は延喜式內社で、豐玉彥、豐玉姬、火火出見尊が祭られてある。神祇志料に、鹿兒島神社今澤牟田村に在り、宇治瀬神と云ふ。蓋し海神を祀る。每年二月十七日の夜、櫻島穗尾崎海濱を過ぐる時は船膠て進む事を得ず。又此夜鰐魚氏瀬川に上るを以て河水逆に流ると云傳ふ。**蓋土人鰐魚を以て海神とする故也。**

また三國神社傳記に、

氏瀬大明神草牟田村に在り、當社は開聞十八柱の其一所なりと云へり。祭る所は**龍神なるべし。**二月祭より宇治瀬と云ひ、十月より宇津佐と云ふ。

とある。その宇治（氏）宇津は日神の稱で、宇治瀬神とは宇治の川瀬の神の義で水神卽海神である。古代バビロニアに於ては、水神は海神兼備の神德であつて水と海の區別はない。それが後世分化された。宇津佐の佐は瀬の轉訛である。土人鰐魚を以て海神とする思想は、バビロニアに於て魚は海神の使で亦海神その者として信ぜられたると符合する（伊豫國章伊豫二名州の段、儺國章等參照）。故に當社には海神日神火神等が並祭せられたことが明である。大日本地名辭

宇津佐大明神

對馬海神祖は一に八幡宮

書に「俗に宇治瀬明神と云ふ、應永寛正の棟札には宇津佐大明神と云ふ。蓋大隅鹿兒島神宮の分祠にして郡名は之に因る」といひ、正八幡の分社である。然るに三國神社傳記に、當社を以て開聞に關係ありとするは、開聞の牧聞神社は下說の如く一に和多都美明神といひ、火神海神鹽箇の住吉神が祭られ、全く祭神一致による迷誤である。當社を八幡とは稱へないやうであるが、其の本祠分祠祭神の一致によりて、本祠たる正八幡の祭神を證據だつるものであらう。

對馬國上縣郡木坂村國幣中社海神神社は、一宮記に「和多都美社（八幡宮也）」と記し、類聚既驗抄に「八幡大菩薩」。また一宮巡詣記に「對馬一宮今の人正八幡といふ」。また延喜式神名帳頭註に「對馬上縣郡和多都美、八幡大神也」とありて、海神即八幡神といふ傳說である。決して後世八幡を冐稱したるものでなく、海神ヤーの神の原始語を傳へたもので、全く鹿兒島神宮の正八幡、宇佐八幡と同例である。それは旣に吉田東伍は地名辭書、對馬下縣郡國府八幡和多都美神社の條に下の如く述べてゐる。

按するに對州に和多都美神數座ありて後世皆**八幡神と稱す**。**蓋古傳の遺れるに由る**。八幡神は古へ應神天皇を祭る者にあらずして彦火火出見尊を祭る。八幡の比賣神は卽海神豐玉姫を云ふのみ。大同類聚方に對馬國忍海造大國と云ふ人名を載す。此國にも海部の部族ありて之を統領せる忍海造の居りしを知る。和多都美神は直に海氏の氏神とも見做すべし。

といひ、後世皆八幡神と稱すといふは如何なれども、當社を八幡といふは蓋古傳の遺れるに由ると斷じたるは、既に眼識が徹つて居る。

併し八幡は火火出見尊にあらずして海神であり、比賣神は豊玉姫にあらずして、日女の神たる日神、又は稚日女たる火神の稱である。大日本史神祇志に「和多都美神社、傳へ言ふ海神豊玉姫命を祀り、彦火火出見尊を配す傳社とある。併し之れはヒメ（日神）を姫に誤解して分化神とするものであり、且つ延喜式に和多都美御子神社が今對馬仁位中村寶滿山に在るによれば、當社は決して豊玉姫で無く海神ヤーの本主豊玉彦並に日神ウツの神、又は火神アグの神たるに相違あるまい。火火出見尊を配祀するといふは符合する。かく海神日神又は海神火神の二座並祀は一般天孫人種系諸神社の例に一致する譯で、要するに主神は海神即ち八幡神なることが肯定せられやう。和爾雅に「當社の祭神は海神なり、然るに一宮記に八幡宮となすは非也」とあるは、八幡を以て應神天皇と思惟したる誤解である。

白石紳書に、

八幡を應神天皇といふは征韓の軍旗から思ひ付いた附會

八幡と申すは對州にあるを始と爲すべき様に見えたり。其の故に木坂八幡（今國幣中社海神社）とて木坂といふ所に宮あり、大社にて……そこにて申すは、神功皇后新羅を征し給ひて還幸の時、御幡八流を島にとゞめられて、我が精靈はこの幡に在り、これを以て新羅をしづむ可しと詔したまひしが、其の御幡を祭れるなり。年久しく取り傳へしを海賊入り來りて寶殿をうち破りて御幡は取りて失せぬ。今は無しと申す。八幡縁起などに天より降りしなど云ふは心得られず。

この傳説は、八幡を征韓の軍旗と爲すもので固より無稽であるが、併し當社を八幡といふ傳説の古傳たる所以を傍證し、且つ八幡を應神天皇といふ説の根據は本來征韓の軍旗から思ひつきたる附會に過ぎぬ。宇佐託宣集に、辛國城に八流の幡天降を説くは、大隅正八幡鹿兒島神宮の天降神話を語るものなるが故に、固より應神天皇に關係を有たぬ。宇佐神宮第一殿八幡宮も其章に述ふる如く海神であるから、各社共にヤーの神たることが一致する譯である。

第三　高千穂宮

高千穂宮は大隅內山田

高千穂宮は神武東移までの都趾

一　宮趾と天降神話發生の原所

皇孫瓊々杵尊は皇室第一の發祥地たる吾田長屋の笠狹即ち加世田の內山田に奠都し給ひ、之に海神日神火神等を並祭せられたるは極めて明白なる事實である。火火出見尊、原名アグツ尊は之より移りて大隅內山田に第二王都を定められ、これを高千穂宮といひ、また海神日神火神等を並祭せられた。古事記に「日子穂々出見命坐高千穂宮」と載せ、正八幡鹿兒島神社社家傳に「本社元石體宮の地に鎭座し高千穂宮正殿の在所にて、和銅元年今の所に移さる」とあるは原始史を語りたる正傳である。併し石體宮は所祭人種を異にするが故にこれを舊趾となすは迷誤であるが、其の內山田村大字內は天孫神祭に係る海神日神並祀に因る次第で、原始時代に於ける地名人名の殆ど所祭神名に負ふ一般の例に一致し、且つ其地理よりするもこの地は大隅國造の本據にて中古國府を置かれたるは故ある譯である。

高千穂宮は古事記神武天皇の段に、

神倭伊波禮毗古命與二其伊呂兄五瀬命一、二柱坐二高千穂宮一而議云……

鹿兒島神宮の鎭座

天降神話發生の原所

天孫の天降信仰は數千年來の思想

大隅國造の本居と大隅の大號は內山田地方に淵源する

と載せ、神武天皇東移まで此の內山田に奠都せられた。それは後段によりて、妃吾平姫本居の地理的關係其の他に據りて察知せられる。

鹿兒島神宮鎭座の時代は、神武天皇大和へ轉都後に於て天孫火闌降族たる大隅國造祖先が、天孫神祭の舊地に創祠せる所で、これを正宮傳に、神武天皇の御創建といふは史實とは思はれぬ。

天孫の高千穗峯に天降神話の發生は、高千穗韓國嶽を中心として、大隅內山田に於て說話せられたるもので、天孫が初め此の地に來り給はずして、先づ吾田長屋の笠狹に到り給へるは、史的事實との一致を求むるが爲である。併しこの宗 敎的アグツ神たる天降神話は、スメル人の數千年來傳統的根本信仰の存在に因るものであつて、決して此の地に於て發生したるものでは無い。

古事記に、天孫笠狹に於て此地は韓國に向ひ……とあるが、笠狹と韓國山は直徑三十餘里を隔て實際望見し易からざるが故に、鹿兒神 卽アグの神と共に韓國嶽を崇拜する原所は大隅內山田として最も地理にも適合する譯である。

二　皇國たる大隅國號の原所

大隅國は元襲國隼人國とも日向國ともいひ、大隅國を置れたるは、續日本紀、和銅六年四月、日向國肝坏贈於大隅始羅の四郡を割いて始めて大隅國を置くとあるが始めである。併しこれよ

大隅は皇國の義で王都に起因する國の語原

り前大隅國造の存在に因りて、國（郡）名の起りたるは争ふべからざる事實で、且つ之に國府を置かれたるが故に國名となりたる譯である。國府の遺跡は今始良郡國分村大字府中で、內山田の內卽ち今宮內の傍地に在る。然れば火闌降族たる大隅國造は此の府中又は內山田の地に本據し、內邑に鹿兒島神宮を祭祀し、和銅中之に國府を置かれたる譯なるが故に、大隅は此の地の大號で、內山田地方に淵源することが察知せられる。

大隅の語原はスメ（Sume）、スメル（Sumer）、スメラ（天皇）と同語、神の義、國はセミチック・バビロニアンのグヌ（Gnu）の變で地方の義、卽ち皇國の意で王都たるを意味するが故に、これ亦高千穗宮の此の地たることが肯定せられる。

大隅國府は本來大隅郡に置かれたるも後郡名に沿革がある。和銅六年日向より割れた四郡は、最北が噌於郡、次が大隅郡、次が始羅郡、最南が肝屬郡であつた。然るに大隅郡の北部は桑原郡となり、和名抄「大隅國府在桑原郡」といふに至つた。而して大隅郡は僅に半島內の一部に殘り、明治二十九年肝屬郡に合併せられ、桑原郡は後始良郡となり、更に明治維新の際始良郡に改作せられた。かく移動極りなきも、初大隅郡に國府を置かれたるが故に國名となりたるは明白である。

加之天孫族たる尾張連（火明族）の名義は、大隅國造の本宗たる吾田小橋君（火闌降族）と共に、バビロン語のウバリ（Ubari）神奴の義で、卽ち神奴長なるが故に、其祖といふ天香語山命は鹿兒島神宮傍所に在る鹿兒山の襲名と思はるゝが故に、殊に應神紀に難波に大隅宮といふ離宮が見え、其津を墨江津といふは、津守連の祖火明族が、大隅國內山田より移住して襲名したる譯なるが故に、高千穗宮の大隅內山田たるを證する。尤筒之男神を祀りて墨江神社といふは、津國の墨江に因るもので、大隅國名に負ふ神社名では無い。

また天孫に關係最も深き海三神、筒之男三神の本源たる橘小戶阿波岐原は、下說の如く大隅內山田天降川の河口たるが故に、これ亦高千穗宮の此の地たるを示す次第である。

三　火火出見尊の山陵

火火出見尊の山陵に就て、古事記に、「日子穗々出見命は高千穗宮に坐す伍百捌拾歲、御陵は卽其高千穗山の西に在り」。また日本書紀に「彥火火出見尊崩、日向高屋山上陵に葬る」と載せ、高屋山陵は今內山田の北方約二里溝邊村大字麓に在りて、そこに鷹屋神社もある。笠狹卽今加世田の內山田にも鷹屋山があり、山上に無戶室神話の遺跡が存し火火出見神社もある。

高屋山陵實は大隅國造等の祖塚

石體神社

故に各共通する。

併し此の高屋山陵なるものは、實は大隅國造の墳墓であつて斷じて皇室に關與しない。それは高屋山陵は積石塚である。本來積石塚はツングース派の習慣であつてバビロニア系たる天孫人種の風俗でない。バビロニアの埋葬は煉瓦の槨葬又は石棺甕棺であつて積石塚の習慣は絕對に存せ無い。薩日地方の積石塚は考古學上仁德帝以後のものといふことである。故にこの塚墓は多分大隅國造などがツングース系後出雲派の風俗を踏襲したるものとしか思はれない。下説可愛山陵の如きも亦薩摩國造の祖塚である。此の地に笠狹と同じく高屋山、鷹屋神社あるは、後世火火出見尊の山陵と誤認して名稱を冒稱せしに過ぎまい。日本書紀は既に錯誤した。鹿兒島神宮の正宮傳に、石體神社を同宮の原所といひ、又火火出見尊の山陵と成す。これに就いて地理纂考に、

石體宮と云は當社（鹿兒島神宮）の東十餘町（今按に本宮を距る辰未の方三町餘）に在り、神體石像なるが故といへり。社傳に鹿兒島神社の原所なりといひ、又彥火々出見尊の山陵なりともいへり、神體は常に藁薦もて覆ひたるを、毎年祭日に改むる例にて……然れども深く密封して、他人の覗ふ事を禁ず……いにし年洪水社殿を洗ひ流し、其跡數仞の谷

大名貴神の名義
大虫神社
小虫神社

となりて今は假宮なり、此時始て山陵ならざりしを思ひ知れり。

と記す。假りに山陵とするも積石塚にあらざるが故に、この說の如く遽に斷定すべきではあるまい。併し石體神社は鹿兒島神宮の原所でも山陵でも無い。

本來石像神は隼人派や前出雲派によりて造られた。それは延喜式に能登國大穴持像石神社、宿那彥神像石神社の如き、又大洗磯前神社は、文德實錄齋衡三年に、神異神憑によりて神體石を大奈母知、少比古奈神として祀られた。之れ前出雲派の信仰神を信者によりて石像を造られたることが察知せられる。大奈母知神の奈はノの義、母知は貴ともいひ、チアム語のムンチ(Munči)大名の義で神を意味する。延喜式に丹後國與謝郡大虫神社、小虫神社が見え、虫は貴、持の轉訛であつて、大虫小虫は大名貴、少名彥神の原型であらう。鹿兒島神宮の祭神を諸國神名帳に、大巳貴神といふ異說あるは、必ず石體神社がチアム系の貴神たる由を物語つてゐると思ふ。然れば石體神社は火火出見尊即ち鹿兒神の石像にあらざるが故に、鎭座の原所でも況や火火出見尊の陵墓でも無い。加ふるに本宮の祭神は火神であつて、皇室の御祖先たる御方ではあらせられ無い。

然らば皇室の御祖先としての火火出見尊の山陵は何れに在るか、それは火火出見尊の名稱は

火火出見尊卽鹿兒尊の山陵は鹿兒山

既說の如く本來原語を以てアグの尊、變化してカグの尊、カゴの尊など申された。此の尊の弟とも伯父ともいふ火明命の子天香吾山命は、原始時代の名稱を傳へたるものである。然らば其の鹿兒、香吾山の本源は何れに在りやといふに、それは本來傳統的所祭のアグの尊と共に韓國嶽を崇拜する原處たる大隅國內山田村に存在するのである。百圖考に、

大隅國八幡宮をば方俗正宮とも稱し奉り內村に鎭座す。昔時此邊廣くかゝりて其地名をば鹿兒島とぞ呼びし、今も社頭の南に鹿兒の山などいふところあり。

とある卽これである。火火出見尊卽鹿兒尊は此の內山田の內に奠都し給ひ、其の御陵は必定右の鹿兒の山と推測せらるゝのである。鹿兒山は神宮の正面南四丁の處に在る孤丘である。白井國柱の神代山陵考に、

謹按火火出見尊受二瓊々杵尊位一、嘗都二大隅國桑原郡宮內地一（卽內山田村內）崩後其廟號二鹿兒島神社一。

といふは、余の原始史的見解を傍證するものであらう。但し鹿兒島神は火神であつて皇室の御祖先たる御方ではあらせられない。人を神として祀るは中世以來の思想である。

或は鹿兒山は陵墓にあらず鹿兒島神宮原所たるの疑あるも、併し陵墓地にてまた神祭地たるを妨げぬ。かゝる例は甚尠くない。官幣中社吉備津彦神社祭神大吉備津日子命は本來日神で、

古墳地祭祀の神社

また吉備族祖先名として古墳地近く神社が建てられた。播磨加古川の氷丘（倭人語韓語の火丘にて、風土記に鹿兒の如しと記し原名鹿兒丘）に火神が祀られ、此の丘に比禮墓（枚聞神社、枚岡神社と同語火神名）とて、大帯日子天皇（景行）妃、印南別孃と傳ふる前方後圓の塚がある。下毛野國造の祖に因りて日神宇都神を祀る宇都宮市臼峯の國幣中社二荒山神社も國造祖塚地に建てられ、國幣中社新田神社も祭神火瓊々杵尊といひ、新田は新ウツ卽ちアグツ神たる鹿兒神で、龜山といふ薩摩國造の古墳地に建てられ、大和天香山の片割といふ伊豫溫泉郡（舊久米郡）天山の在る石井村に延喜式內縣社伊豫津比古神社祭神伊豫津比古神（日神）、伊豫津比賣神（火神）が鎭座し、其神聖なるべき天山には久米國造等の古墳が累々としてゐる。天山の靈を久米寺に祀ると風土記に見えた（各章參照）。

神社と墳墓の密接なる原因

固よりこれ等の中には神地に造塚せるものと、墳地に神祭せるものの異別あるべきも、古代は古墳と神社と極めて密接なるものがあつた。其理由は海神を祖神といひ、日神火神を祖先とい

ふ思想と、司祭者は生神卽ち神の權化として、祭神名を以て呼稱する習慣に原因するであらう。然ればこの鹿兒山の陵墓地にて、且つ火神祭祀地とするも決して怪しむるに足らぬ。

更に古代の造墓は居處の近傍に設けらるゝが常で、神武天皇の橿原宮の如きも畝火の南麓に在りて、御陵は僅に距る東北の小丘に定められた。然れば高千穗宮と餘り隔らざる、而も其御名に負ふ鹿兒の小丘を陵墓地と推定するも決して妄斷ではあるまい。況や鹿兒島神宮を其廟所といひ、或は同宮鎭座の原所を山陵といふ傳說あるは余の見解を裏書するものであらう。

第三節　橘小戸阿波岐原の原所

一　橘阿波岐の語原

伊弉諾尊の禊祓に因りて、綿津見三神と住吉三神の出現神話を語る日向橘小戸の阿波岐原に就ては、日本書紀第六の一書に「筑紫日向小戸橘之檍原……」とあるを、古事記に「筑紫日向之橘之小戸之阿波岐原……」と載せ、また神功紀、儺國の小山田邑に於て皇后親ら神主となりて、神託の段に「則對曰、於日向國橘之小戸之水底所居而、水葉稚之出居神名、表筒男、中筒男、底筒男神之有也」とありて、其の筑紫は九州の總稱で日向國に在るといふ傳說である。

橘はアアヅバにて海の義

阿波岐原はアハにて海岸

また書紀一書に、火折尊が海宮出幸の段に「鹽筒老翁計曰、海神所レ乘駿馬者八尋鰐也……在二橘之小戸一」とあるも亦日向國であつて、古代に於ける日向國は、吾田（薩摩）、隼人（大隅）、日向三國の總名なるが故に、南九州なることが察知せられる。

橘の語原はスメル語のアアヅバ

A adu ba

海の義で、アアヅバが略轉してタツバとなり、誤解によりてタチバナ（橘）に轉訛せられたであらう。日神稱名たる小碓尊の妃橘姫は相模の海に入られた。阿波岐原は同語のアハ

A ha

海岸の義で、アハをアハキに變化した。我が國に於て海岸又は海をアハといつた例は甚少くない。志摩國の古名を神功紀に「吾（英虞）田節（答志）淡郡」と載せ、延喜式に「答志郡粟島坐伊射波神社」とある淡（粟）も海岸の義、伊射波のイは助辭、ザハはアハの轉で、此の社は海

阿波羅岐島

安房坐神社

阿波神社

率川阿波神社

邊近く鎭座してある。又倭姫命世記や延暦內宮儀式帳に「志摩國阿波羅岐島」の名が見え、この島は答志島の西より東二見村の沖に至る五十餘町に相連る八個の大岩礁より成り、內宮饌料の海草を採取する所である。アハラギのラは緩和の助辭で、全く阿波岐と同語である。アハギ、アハラギのギは、英虞といふべきを阿漕といふ如く助辭。また延喜式安房國安房郡安房坐神社の安房も同語で、海又は海岸の意である。それは祭神たる忌部氏の祖神太玉命の玉は、海神豐玉彥の玉と同語、セミチック・バビロニアンのタマト（Tamat）海の義で卽ち海神たるに因りて知られる。

伊賀國阿山郡阿波村大字下阿波、鄕社阿波神社は、延喜式に山田郡阿波神社と載せ、神祇志料に「昔粟鄕河南里に在りしを今下阿波村に移祭さる」とも、殘編風土記に「阿拜郡（明治二十九年阿拜山田二郡を合せて阿山郡と改む）阿波山に神あり阿波大明神と號す」と記し、古來祭神は猿田彥神とある。此の神は海神（伊勢國章參照）なるが故に、祭神、社名、地名等符合する譯である（今祭神稚日女神、猿田彥神二座とある。其の稚日女說は、神功紀の吾田節の淡郡に居る神とある淡によりて、明治後の合祀といふ社傳で固より迷誤である）。

神名帳考證に「大和國添上郡率川阿波神社、天日方奇日方命」、また「伊賀國山田郡阿波神社、天日方奇日方命、率川阿波神社同」、また「近江國犬上郡日向神社在㆓多何神社西㆒。按日向

神者天日方奇日方命、大和國率川阿波神社同」と記す、天日方奇日方命は、崇神紀に茅渟縣……奇日方天日方武茅渟祇とある。此の神は伊豫三島神、伊豆三島神と同神といふ原始史を傳へたる賀茂建角身神であつて全く海神である（茅渟族章參照）。日向神社は日向氏族たる大和國造珍彥族の祭る所で、海神は日向國に現はるる所なるに因りて日向神ともいふ譯である。

日向神社と日向氏

日向（ヒムカ）はヒナタで、本來ヒナタの國と稱せられたるを後にヒムカの國と呼ぶに至れることが察知せられ、且つ日向神は海神であつて、奇日方天日方武茅渟祇たる武角身神も海神であり、阿波神も海神たることが符節を合するが如く原始史上更に疑を存ぜぬ。

日向國は本來ヒナタの國

加ふるに率川阿波神社祭神は大倭神社注進狀に、大己貴命の子事代主神とあるが、これは大和神社を出雲系統の大己貴に誤りて其子と爲すも、實は大和神社は海神ヤーで其子阿波神といふ譯で、伊豆三島神たるヤーの轉訛大山積神の后神を阿波神社といひ、伊豫三島神たるヤーの轉訛大山積神一名和多志大神の攝社を阿奈波神社といひ、祭神を後世御子神石長姫といふは固より錯誤であるが、兎にかく三社共に一致するものがある。猶淡路伊弉諾神の章に述ぶ。

阿波神社
阿奈波神社

或は阿波神をチアム語のAha（粟）と思ふは誤である。チアム系の穀物神は阿賀、宇賀で、祭神地名もこの語を用ひた。例へば播磨國飾磨郡英賀保（和名抄阿賀鄕）大字阿賀、式內縣社英賀神社は阿賀比古阿賀比賣二神を祭り、また宇賀能魂神、豐於賀姬神、筑前國岡などは之れである。併し粟その者を神名としたる例は見當らない。其の他吉備國は韓語の黍でなくバビロンの火神ギビルの下略であり、小豆（紀伊、讃岐、肥前、三河、飛驒、羽後）の地名は豆の一種でなく、チアム系に因りて月神を祀られたる名であり、猿女君の稗田は所祭神たる賣太（日）神の訛である。地名人名は何れの人種を問はず殆所祭神に關係するが故に、穀物の粟、黍、小豆、稗等が神名とならぬ限りは、それが直に神社名地名とはならぬ。然れば阿波の社名地名は海神の稱たることが肯定せられる。以上の例證によりて、阿波神は海神の稱なること、アハ、アハギは海又は海岸なることが徹底したる譯なるが故に、橘小戸の阿波岐原は、海の門の海邊と解すべきであらう。

二　橘小戸の原所

然らば橘小戸の阿波岐原の本源地は何れに在りや、それは先づ阿波岐原に生るといふ海神と住吉神を祭る大本社を決定すべきである。古代南九洲に於て此の神を祀る根本社は鹿兒島神宮を措て他に存在しない。卽ち正八幡といひ、八幡崎の說話といひ、內山田の地名といひ、第二の王都として海神鎮座の大本社である。殊に之れを證すべき事實は地理纂考に、

鹿兒島神社末社四所、隼風宮、

隼風宮はシューチ南風神にて住吉神

阿波岐原は天降川の河口

とありて、その隼風宮は鹽筒神であり、住吉の筒之男神である。津國章 住吉神の本質の段に述ぶる如く、鹽筒神は旅行神であつて、其の語原は、セミチック・バビロニアン語のシューチ(Shčui) 南風神である。故に隼風神たることが一致する。住吉の表筒之男神は鹽の表筒之男の義で鹽筒神と同語であり、住吉神は古來旅行神として信仰せられたのであるから同一神たることが明である。故に此の地が住吉神と海神の根本地たることが首肯せられる。

これを地理的に考察するに、今西國分村に內山田、住吉、小濱等の大字がありて、小濱住吉の地は往古より海驛で濱之市といひ、大隅國府の津頭に當り、又霧島山に水源を有する霧島川は一に天降川といひ、住吉に於て海に入る。此の川は富隈城築城の頃河流を變更したる爲に今は新川ともいふ。この天降川の河口に當る住吉小濱の海港の地が卽ち橘の小戸の阿波岐原であらう。併し住吉の地名は勿論後世の名稱であつて、現今の地は土砂の埋沒に因りて地形を變じたるが故に、古代は必ず鹿兒島神宮に接近したる地域と察知せられる。

スメル國のエリヅ海港の主神はヤーの神なるによりて、シューチの神も祀られたるに相違ない。この海港卽ちアヅバのアハで、上述のヤーの神に關する神話あるによるも、ヤーの神とシューチの神の發生されたる原始神話の存在したと想はれる。我國に於ても第二の王都たる大隅內山田の海港 橘小戸阿波岐原に於てエリヅ港類似の神話と神社の存在するは、必然の事實と信ずる。

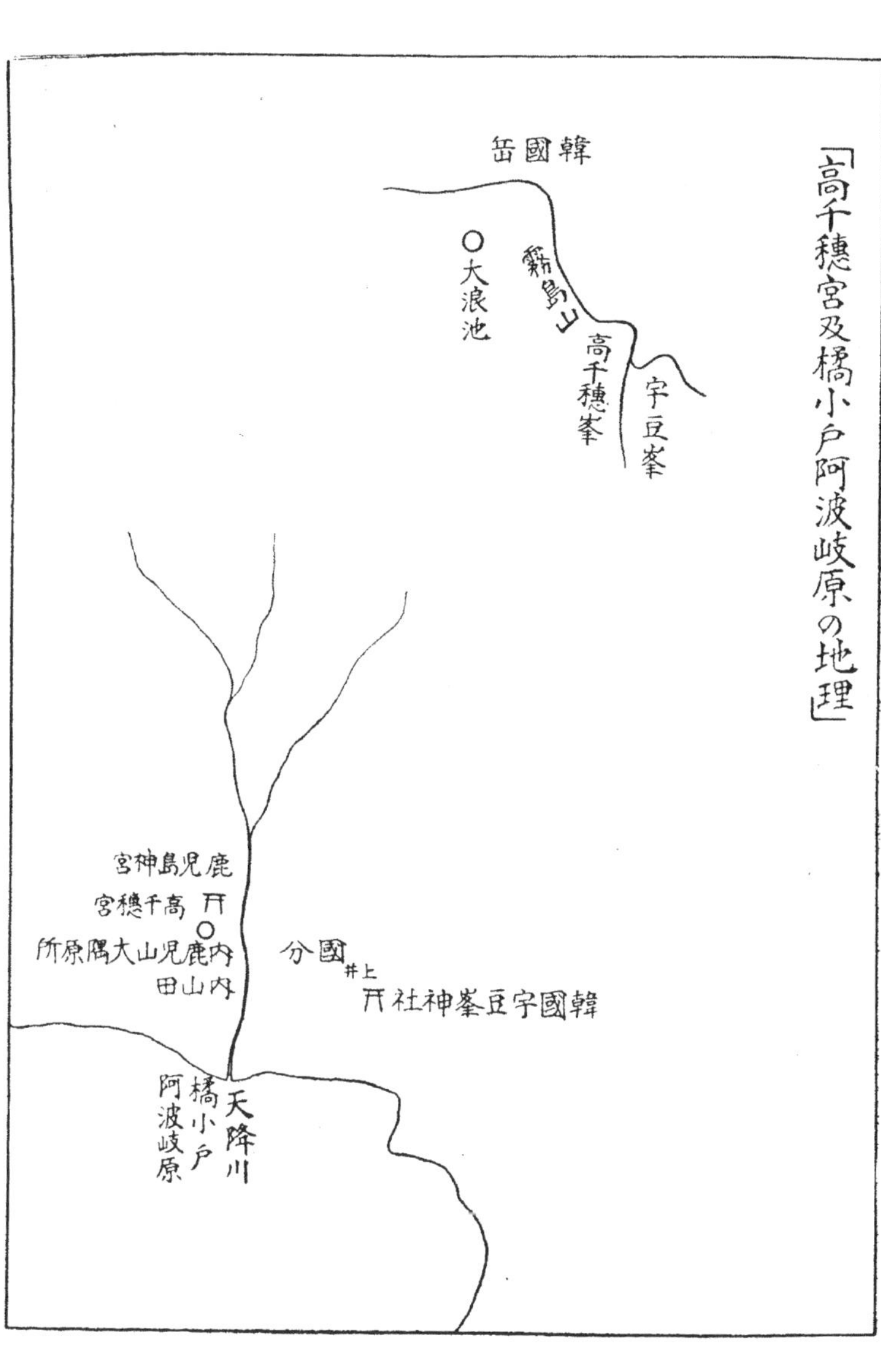

「高千穂宮及橋小戸阿波岐原の地理」
韓國岳
霧島山
大浪池
高千穂峯
宇豆峯
鹿児島神宮
高千穂宮
内鹿児山大隅原所
内山田
國分
井上
韓國宇豆峯神社
天降川
橋小戸
阿波岐原

猶之れが地理を明確ならしむる爲に古來橘小戸の位置に關する異説の正否を檢するであらう。

一　長門の關門海峡とする説である。日本書紀第十の一書に「(諸尊)故欲レ濯二除其穢惡一、乃往二見粟門及速水名門一、然此二門潮既太急。故還二向於橘之小門一而祓濯也」とあるは、阿波の鳴門と豐豫海峡を擧げたるに因りて、必ず馬關海峡たるに相違なく、而してこれは長門住吉神社より發生したる神話なることが想像せられる。本社は書紀に神功皇后凱旋の後に於て穴門直の祖踐立をして祀らしめられたとある。穴門直は此の地に其の以前より日神と海神を並祭したる形跡が存在するのであるが、然し住吉荒魂神の鎭座は神功の朝といふことである(穴門國造の章參照)。然れば住吉の大本社は何と申しても紀記に明記されたる如く日向卽ち大隅であるから此の長門の傳説は冒稱たるに過ぎぬ。

畢竟伊弉諾尊――黄泉神話――禊祓神話は紀一書並古事記によれば冊尊の黄泉平坂は出雲國に在り、その陵墓説は出雲及紀伊國熊野にあるに因りて、黄泉神話は出雲派神話と知られる。勿論バビロニアに於ても黄泉神話は存在するも、之れは出雲派によりて作爲せられたることが察せられる。黄泉神話といひ、禊祓神話といひ、原始時代の發生たるはいふまでもないが、伊弉冊尊を黄泉神話の主神とするは新神話時代の作爲であり、(伊弉諾尊は阿波岐原に負ふ本來海神なること其章參照を要す)橘小戸阿波岐原は天孫人種に關係せるが故に、此の黄泉神話と

橘小戸禊祓神話は混成作爲の時代より事實が前

橘小戸の禊祓神話の合成は、全く出雲派と天孫人種との混成なることが推測せられる。然ればこの諾尊の禊による出現神話は後世の作爲なるが故に、單に神話としては敢て大隅たると長門たるとを深く咎むるに足らないが、併し神話は社會の反映であるから混成神話が先づ生じて事實が出來たのでは無く、原始神話や事實があつて後世混成神話が生じたるものなるが故に、この混成神話よりは古く原始時代に於て大隅國に海神と住江神の大本社が祀られたる事實を承認しなければならぬ。

二　筑前國博多住吉村官幣中社住吉神社とする說である。それは地名辭書に下の如く述べてゐる。

橘之小門址、又小戸之檍原と云ふ。蓋後の住吉神社（博多住吉）の地にして江流の狹門を云へり。神功皇后征韓の時此國にて神教を請ひ玉へるに方り、住吉大神御名を顯はして出でたまへる事情より推し、太古の傳說に云へる伊邪那岐大神の滌身したまふ小戸も此歟と想はる。

と說き、又宗祇の書には博多灣の北立花となす說であるが、固より神功紀に、日向國橘之小

住吉神は本來天孫族に深き關係を有す

戸之水底所居云々と記され、決してこの儺國ではない。當社は神功皇后の時現れ給ふ所とある。若し其の以前に於て八太族又は安曇族によりて鎭祭せりと想像するも、本來住吉神は天孫族に深き關係を有し、其の他のバビロニア系氏族には固有的に之れを祭祀せられたる形跡更に存在せざるが故に、當社は神功の朝の動機を以て祭祀されたることが察せらるると共に、此の神の本源は必ず第二の王都たる大隅に存在することが首肯せられる。故に此の說も本末を誤つてゐる。

或は曰く海神は安曇連の所祭なるが故に儺國說可ならずやと、併し安曇連が海神專祭の氏族の如くなり、後世儺國のみを海神國と思惟せらるゝに至れるは、本來神功の朝、三韓征伐に方り航海の動功を建て、應神帝の朝、海人の宰領となりたる以來の思想であつて（儺國章參照）、之れを原始史より觀れば、海神を祖神とし、日神火神を祖先として祭るは、一般天孫人種系氏族の習慣なるが故に、敢て安曇連のみが海神の裔でもなければ、儺國のみが海神國でもない。況や海神住吉神の出現神話は皇室關係なるが故に多言を要しない。

三　博多在筑紫郡山田村の仲村（元那珂郡安德村）住吉現人神社の地とする說である。その云ふ所は博多の住吉神社の地は上古海底であつて、此の現人神社の地は、神功皇后の神託を受けられたる小山田に近く、地理も橘小戸として叶ひ、殊に釋日本紀私記に「皇后親爲二神主一……時得二神語一隨レ敎而祭レ之。然則此神（筒之男神）本在二筑前小戸一」。また二十二社註式に「住吉

橘小戸の阿波岐原は大隅國鹿兒島神宮の傍地

大神其荒魂在二筑紫小戸一」とあるを證とするものであるが、併し當社を以て神功の朝に淵源するといふ何等の徵證も無く、況や橘小戸と爲す如きは、原始史上より見て憑據するに足らぬ。

四 日向國宮崎市と大淀村に架する橋を橘橋といひ、その南に小戸神社、小戸の渡がある。神代に其の邊を小戸の橘と呼んだといふ地誌の說である。又宮崎市外住吉村に住吉神社があつて、大字鹽路小字青木をその古蹟と爲すものであるが、固より何等の徵證を有しない。

然れば橘小戸の阿波岐原の地は、大隅國鹿兒島神宮の地より他には存在しない、日本書紀一書、古事記の傳說によるも、橘小戸の阿波岐原は伊弉諾神による海神と墨江神の本源地で皇室關係の神なる由が著るしく、而して第二の王都たる内山田は、日神火神海神鹽土神（隼風神）の祭祀地で、其地の正八幡鹿兒島神社にはこれ等の神が祭られ、當社祭祀者たる大隅國造の本宗たる吾平族の祀る枚聞神社も一に和多都美神社といひ、既に其社名が火神と海神名で一致し、祭神も亦火火出見尊、猿田彦神（海神）、鹽土神（住江神）を祀る傳說であるから彼此共通する次第なるが故に符節を合するが如くである。

要するに橘小戸阿波岐原は傳說に因るも日向國即ち大隅國なること、橘といひ、阿波岐原といひ、大隅といひ、天孫人種の言語であつて、神話の事情と、事實と地理が鹿兒島神宮の地に符合すること、住江筒之男神は本來天孫族に關係を有し、他の天孫人種系統の氏族に祭祀せられたるは神功皇后の朝以來なること、天孫族にして海神と筒之男神を祀る根本社は鹿兒島神宮の外なきこと、これ等の事實は橘小戸阿波岐原が第二王都たる大隅内山田なることを斷定する次第であらう。

第二章　吾田大隅火闌降族と枚聞神、鹿兒島神、新田神

第一節　吾田小橋君吾平族と枚聞神、吾平山陵

一　小橋君吾平族、枚聞神の本質

火闌降命は日本書紀に「火闌降命卽吾田君小橋等之本祖也」と記し、古事記には「火照命此者隼人阿多君之祖」とある。その隼人阿多君は、隼人國の阿多君の義で、決して隼人たる阿多君の意ではない。古事記神武段に「故坐二日向一時、娶二阿多之小椅君妹名阿比良比賣一」とある阿

多は、阿多國の意である。神武紀に「(天皇)長而娶二日向國吾田邑吾平津媛一爲レ妃」とある日向國は、吾田國、隼人國(大隅)、及び後の日向國の總稱なるが故に、此の吾田邑は實は吾田國といふに等しい。決して加世田傍地の阿多邑にあらざるは次によりて知られる。

阿比良比賣の名義

阿比良比賣の名義はマラヨ・ポリネシア語のアピ(Api)で火の義、アヒラのラは火をヒラ、夜をヨラといふ如く助辭、日本書紀に吾平津媛とある津はノの義、武内宿禰の誕生地といふ紀伊國阿備柏原のアビも火神の祀られたる名稱である。

吾平は開聞郷枚聞神社の名義

然らば吾平の地は何處であるか、それは舊吾田國内なる頴娃郡開聞郷、今揖宿郡頴娃村大字十町 國幣小社枚聞神社が卽ちそれである。枚聞のヒラはアヒラの略でアピ火神である。倭人語にてもヒ(火)ヒラで同じく火神である。開聞嶽卽ち今の海門嶽は死火山であるが、清和天皇貞觀中にも噴火したることが國史に見え、原始時代の活動が思ひ遣られる。開聞のキキはチアム語のクク(Kuku)の轉で神の王の義である。流石は隼人國なるが故に總てチアム語で唱へられた。

枚聞神社の祭神

枚聞神社は一に和多都美明神ともいひ、祭神は猿田彦命(和漢三才圖會、一宮記、國花萬葉……猿田彦神の海神なることは伊勢國章參照)。鹽土老翁(一宮記……此神の住吉神なる由は津國章參照)。彦火火出見尊(神名帳考證、社家說)の三神である。これは原始神を傳へた

小橋君は神奴の長の義

る正傳で、當社は火神及び海神住吉神等が並祭せられたのである。

頴娃はエと訓みスメル語のエ

E　象形字

で、宮、家の義、イエ（家）のイは助辭。和名抄、給黎郡（今揖宿郡）給黎郷がセミチック・バビロニアン語ならば火神ギビル（Gibil）であらう。此の開聞の地は皇孫尊の一族たる火闌降族が本居し、神武天皇は其の女を妃とせられた。

二　小橋君の語原

吾平姫の家は小橋君とある。小橋の語原は火明族の尾張と同語、セミチック・バビロニアンのウバリ（Ubari）神奴の義で、ウのヲに轉ずるは言語學上常である。バビロンの火神ナブの轉ニフを祭る紀伊國丹生祝氏文に「丹生祝、丹生相見、神奴等三姓始」。また姓氏録に「攝津國神別天神、神奴連天兒屋根命十世孫雷大臣命之後」とある神奴は、神奴の長の義である。火闌降族は神奴たる隼人族を率ゐて仕へ奉る、之れを神話に汝命の狗人となりて仕へ奉らんとある。

併しこれは自ら狗の子孫といふ信仰を有する隼人族に對して構成せられたる說話に過ぎざるが故に、正しくは狗の子孫といふ隼人を神奴として仕へ奉らんと記すべきであらう。若し然らずば同語のウバン（Uban）峯の義の轉であらう。峯を我が國に於てバビロン新語を以てウバンと唱へたる例は、信濃國姥捨山はウバンシュチの略、南方の峯の義で月の名所を意味するが故に、バビロン語の通用せられたることが知られる（小竹祝及更科神の章參照）。小橋即ち峯といふは神の王として崇拜する火神の峯たる開聞岳や韓國嶽の稱となる次第であるが、併し小橋は此の命の神話よりするも、同族たる尾張連の名義によるも、ウバリ即ち神奴長の義とするを穩當と信ずる。

小橋君は火闌降族の本宗

火闌降族の本宗は開聞の地に本居したる小橋君である。吾田小橋君は一に吾田君ともあるによりて、阿多郡阿多村に本居せる如く推測せらるるが、この阿多村は中古に於ける阿多郡の本據なるを以て大名を襲稱したるに過ぎざるが故に、阿多の本源は却て笠狹である。國名と同稱の郡村名は行政の移動によりて變轉を常とした。それは安藝國と安藝郡安藝村（府中）、伊豫國と伊豫郡伊豫村（伊豫國造本居）、周防國と周防村（周防國造本居）が共に國名の起原に何等の關係を有たざると同例である（吾田國、伊豫國其の他各章參照）。舊說に薩摩國造を吾田君となすは固より錯誤である。

吾平と始羅郡
始良郡の差別

吾平山上陵は
吾平族の本居
枚聞神社の地
方

三　吾平山陵の原所と本質

小橋君の吾平を以て大隅國始羅郡（今肝屬郡）始良とする舊說あるが、吾平は記紀によるも吾田國なることは更に疑ひが無い。今の始良郡は元來噌唹桑原二郡の域に當り、其の後沿革して始良郡となり、更に明治維新の際始良郡に改作したるものなるが故に、固より何等の關係を有たぬ。

鵜草葺不合尊の吾平山上陵は、日本書紀に「葺不合尊崩二於西州之宮一、因葬二日向吾平山上陵一」。また延喜式に「日向吾平山上陵在二日向國一無二陵戸一」とある。之れは必ず吾平族の本居枚聞神社の地方に相違ない。然るに今大隅國肝屬郡（舊始羅郡）始良村大字上名の鵜殿山を御陵となすも、何等の由緣が無い。この地は山間僻地で、其の山陵は鵜殿山の巖洞の內に在りといふ。併し波瀲武鸕鷀草葺不合尊のナギサダケは、吾田國主長狹、安曇連祖名草と同語、バビロニア語のナグウツダク卽ち日神鎭護の嶽の義で、本來この御名は吾田長屋加世田內山田の無戶室神話（日神ウツの訛）を以て有名なる鷹屋山、元名長狹山（ナグウツで日神鎭護地）、又は大隅の內村或は宇豆峯など日神鎭祭地に因る稱名なるを忘れて、倭人語系國語のウツロ（空胴）や、波瀲の義に誤解したるに原因する（吾田國章參照）。

鵜戸神社

又日向國那珂郡鵜戸神社も空洞を以て此の尊の降誕の跡といふ、彼といひ此といひ共に迷誤である。此の尊の降誕は神話によれば吾田長屋津の海邊、又は大隅内山田の海邊(上說の橘小戸阿波岐原の地)に關係する。故に皇室の御祖先たる葺不合尊は、開聞の吾平などの方面にあらずして必ず大隅内山田なるべきであらう。

吾平山陵實は吾平族の祖塚

吾平の塚墓(?)を葺不合尊の山陵といふは、恰も薩摩國造の祖塚を可愛山陵といひ、大隅國造の祖塚を高屋山陵といふに同じく、之れは吾平族の塚墓たる疑がある。

第二節　大隅國造と鹿児島神、高屋山陵の本質

大隅國造は吾平族の分流

大隅國造は國造本紀に「纒向日代朝御世(景行)治平隼人同祖初小、仁徳帝代者ニハ、伏布爲ヲ㆓曰佐ヲサ㆒賜㆓國造㆒」とある治平は阿平の誤で、大隅國造は阿平隼人君と同祖といふ傳である。然れは此の國造は阿平の分流で、其本居は既說の如く鹿児島神宮所在の内山田又は府中地方と察せられ、神武天皇内山田を發し大和へ轉都せられたる後、その宮所に鹿児島神宮を祭祀せるものと信ぜらる。高屋山上陵は前述の如く、大隅國造が仁徳帝後に於て祖塚を築造せしもので、決して火火出見尊に關係を有たぬであらう。

新田神社は本來火神

可愛山陵實は薩摩國造の塚墓

第三節　薩摩國造と新田神、可愛山陵の本質

吾田君たる小橋族の分流は薩摩國造を唱へ、中古には薩摩君といった。國造本紀に「薩摩國造、纒向日代朝伐二薩摩隼人等一鎭レ之。仁徳朝代曰佐改爲レ直」と記し、この家の本居は古くより薩摩の國府方面に居住した。薩摩郡宮内村國幣中社新田神社（祭神瓊々杵尊）は、必ずこの國造の創祀する所と信ぜらる。この地は舊新多といひ、名義はニヒウツで新日神は日神の御子火神の義である。それは若狹彦神社はワカウツ（若日神）の變で火火出見尊が祀られた。又新田の名義はニフタの轉とも解せられる。ニフは官幣大社丹生都比咩神社（祭神は丹生都比賣とも、稚日女尊ともいふ）の丹生、若狹彦神社を一に若狹遠敷神といふニフと同語、バビロンの火神ナブ（Nabu）の轉訛ニブでタは助辭。何れにしても日神の御子たる彦火瓊々杵尊といふに符合する。本社を古來新田八幡といふは海神火神の並祭せられたる爲であらう。

新田神社の山を瓊々杵尊の可愛山陵と傳へた。併しその山を龜山といひ積石塚たると共に、此の地は皇室に何等の縁故を有せざるが故に、この可愛山陵は高屋山陵に同じく薩摩國造がツングース派の風俗を踏襲して、祖塚を築造せるものと察知せられる。新田神社の祭神火神を火瓊々杵尊と爲すに因りて、後世此の塚墓を以て瓊々杵尊の山陵に迷誤し、日本書紀も此の誤

瓊々杵尊の山陵は加世田村内山田

火闌降族を地祇と爲すは誤謬

を受けて記載したとしか思はれぬ。日本古代史に可愛山陵は頴娃郡に在るべしと記す。若し然らば吾平族の本居頴娃郡開聞郷（今頴娃村）に在るべきであらう。併し日本書紀の可愛山陵は必ず現在の箇所を指すものであつて、決して頴娃郡とは思はれぬ。

本來皇室の御祖先たる瓊々杵尊の山陵は、必ず第一の王都たる加世田村内山田の無戸室神話の原處たる鷹屋山の邊に存在すべく推測せられる。それは日本書紀に、故皇孫就きて留住ます。また一書に皇孫因りて宮殿を立て、是に遊息とある史傳と、原始的古蹟が一致するに因りて察知せられる（吾田國章參照）。

第四節　火闌降族の系統

火闌降命は皇孫瓊々杵尊の御子として、姓氏錄にも天孫部に收められ、其の裔孫は隼人の君長としてチアム派を統領した。書紀に、火闌降命は吾田君小橋等本祖と記し此の家は吾田國の主長である。古事記に、火照命は隼人阿多君祖とあるは隼人國の義で、書紀に、此の命を隼人等始祖とあるは、隼人國吾田族の始祖といふ意である。姓氏錄に、阿多隼人が火闌降命より出づと記せるは、共に隼人君といふを脱せるものである。故に天孫部に載せられた。然るに姓氏家系辭書には、之れに反して此の命の孫裔たる吾田小橋君等を地祇の隼人族の部に掲げたるは斷じて誤りである。決してチアム族にあらずして天孫族卽ちスメル系たるは、古典の傳と原始史との一致する所であつて更に疑を挿む餘地がない。若し此の命の裔にチアム系たる隼人族ありとせば、そは冒稱たるに過ぎぬ。

日本書紀や國造本紀等に、吾田君族の名稱をチアム語を以て稱ふるは、多數者たる彼等の土語を採用したるに原因する。それは恰も日神ウチの神をモン・クメール語、韓語、チアム語等の混用國語を以て大日靈貴とも、天照大神とも申し、又ナグ（神饌）の神をチアム系國語を以て豐受姬神と申せし類に外ならぬ。その系統を日本書紀古事記によりて、表に示せば下の如くである。

〔日本書紀〕

瓊々杵尊
×
吾田津姬

- 火闌降命（隼人等始祖）
- 彥火火出見尊
- 火明命（尾張連等始祖）

〔書紀第六の一書〕第八一書も同說

- 忍穂耳尊
  - 火明命
    - 天香山命（尾張連等遠祖）
  - 瓊々杵尊
    - 火酢芹命
    - 火折命（彦火火出見尊）

〔古事記〕

- 忍穂耳命
  - 天火明命
  - 邇々藝命 × 阿多都比賣
    - 火照命（隼人阿多君之祖）
    - 火須勢理命
    - 火遠理命（日子穂穂手見命）

尾張連火明命の系統は、書紀本書と一書及古事記と異るも、小橋、尾張同語關係の立場より觀るも、火闌降族と近親なることが首肯せられる。併し忍穂耳尊、實はスメル系にあらずしてツングース系の神たるは、皇室と高天原神話の章に述ぶ。

第三章　尾張國造火明族と熱田神、内神、及名古屋神

第一節　尾張國造

一　系統

尾張國造の祖は姓氏錄に「左京神別天孫、尾張連、尾張宿禰同祖火明命之男天賀吾山命之後也」と記し、その火明命は瓊々杵尊の御兄とする說と（古事記、日本書紀第六、第八の一書、尾張氏系圖）、瓊々杵尊の御子となす說（日本書紀及第二、第三、第五、第六の一書）の二傳がある。尾張、小橋の同語關係よりすれば、火闌降命と兄弟とするを可と信ずる。火明命のホは火をチアム語で申した名であるが、其の子を天香吾山命といふカゴは火神カグと同語、スメル語のアグ（Ak）の變で原語に因る稱名である。尾張國造は國造本紀に、

尾張國造、志賀高穴穗朝（成務）以二天孫天火明命十世孫小止與命一定二賜國造一。

と載せ、國造に定められたるは成務の朝とある。併し尾張に移住は、其の一族尾張人海宿禰が崇神紀に見え、略其の時代が察知せられる。

二　尾張、高尾張の語原

尾張の名義は、舊說に小墾田の義とも、尾羽張剣に因るとも、神武紀に「高尾張を改めて葛城といふ」とあるによりて、葛城山の尾の張りたる高原を名付けたとする說であるが共に採るに足らぬ。既說の如く尾張は火闌降族の本宗たる吾田君小橋と同語、バビロン新語のウバリ(Ubari)神奴の義の變で、神奴の長を意味する。火明族が火闌降族と共に薩隅地方に本居したることは、日本書紀古事記等に因りて知られ、加ふるに其の分族たる攝津國津守連がその本居地を大隅といひ、その津を墨江之津といふは大隅國に居住したる證である。猶尾張の類語としてバビロン新語のウバン(Uban)峯の義の語があり、スメル語にハリ(hari)又はハル(hal)といふ神託を宣告する神官がある。それにウの助辭を付加したとも見らるるが天孫族として穩で無い。

尾張を高尾張邑に起るといふは誤

高尾張邑の原名は高

舊説に尾張を神武紀の「高尾張邑或本云葛城邑也」。また「高尾張邑……因改號二其邑一曰二葛城一」とある地に淵源すといふ。成程尾張氏系圖に據るに、此の氏人は天香語山命の子天村雲命、その子天忍人は葛木出石姫を娶りて天戸目を生み、天戸目は葛木避姫を娶りて建斗米を生み、建斗目は葛木土神劍根命の系統を母系とする瀛津世襲を娶りて建田背を生み、その後が尾張國造の祖乎止與であるから葛城に居住したることが察知せられる。三代實録に、

貞觀十六年八月尾張國海部郡人甚目連公宗氏……等同族十六人賜二姓高尾張宿禰一、天孫火明命之後也。

と載せ、更殊に高尾張氏を稱へたるは、家記により祖先の故地を追慕の餘り復稱したる譯であるから此地に本居したるは確である。

併し尾張の名義を高尾張邑に起るとなすは斷じて誤である。それは葛城の舊名といふ高尾張は、今大和國南葛城郡葛城村であって、和名抄葛上郡高宮郷である。高宮の名稱は、綏靖帝の宮都たる高丘宮の義なるが故に、高が地名で、丘は宮處の位置による名と知られる。殊に葛城村大字高鴨には、出雲系の阿遲鉏高日子根神を祀る高鴨神社がある。これまた高といふ語が地名

たることを證する。

高はモン・クメール語であつて、本來高の地名は其地の鴨神を高神として崇拜したるに原因する。伊弉諾神を多賀（多何）大神といふも高大神の義で、高（田可）多賀の地名ともなりたる類である。其章に述ぶ。かく高の地に居住したる尾張氏を高尾張と呼ぶ譯なるが故に、尾張の名稱は斷じて大和國の高の地に原因せずして、必ず同族たる吾田君小橋と同語關係たるに因りて大隅國に淵源する。卽ち火明族、火闌降族は皇室の近親として神奴を率ゐて、皇孫尊並神明に奉仕したる故の名稱と知られる。

第二節　熱田神

一　熱田の語原

熱田神は草薙劒とある。この神劒は既說の如く暴風雨神の表象で、バビロニアに於て暴風雨神、軍神をアッダド（Adad）といふ。熱田神の語原は祭神草薙劍の名義からするも必ずアツダドの變たるに疑ひなく、決して原田氏說のバビロン語のアツ（Atu）日の出の義ではない。それは古代の神社は、祭神と神社名が一致し、それが地名ともなる例で、地名は殆祭神名に起

アヅマ（東）の言義
吾湯市（愛知）は熱田の訛

因するが常である。然れば熱田神によりて神社名とも地名ともなり、草薙の名も生じたる譯なるが故に、熱田の名義はアッダド暴風雨神たるに相違ない。

或は曰く、日本書紀第二の一書に「草薙劒、今在屋張國吾湯市村、卽熱田祝部所掌之神是也」とあるによりて、熱田の原名は吾湯市にあらずやと、併し此の疑問は本末を顚倒してゐる。其の故は萬葉集十七に、東風をアユノカゼと訓み、元來東はアヅマが本語である。アヅマの風といふべきを訛りてアユの風といつた。卽ちアツ（Atu）はセミチック・バビロニアンの日の出の義、マは助辭で東の義、卽ちアツをアユに變化したる例である。然れば熱田のアツをアユに轉じタをチに訛りてアユチといふは決して怪しむに足らぬ。或說にアユノカゼをアイ（間）のカゼに混ずるは誤で、吾湯市に關する舊說の如きは迷妄に過ぎぬ。

二　祭神

祭神に就ては、日本書紀第二の一書に草薙劍とある。隨つて現在內務省官國幣社祭神記に草薙劒とある如く、軍神たるアッダド（Adad）神たるが社名と一致する。社傳並に尾張國古風土記以下の諸書に、寶劍を以て日本武尊の神體と爲すは、この武尊實は景行帝の皇子にあらずして、必ず武神アッダド神の稱號たるが故であらう。原田氏の說に、熱田神宮のベロ〱

祭はバビロニアのベールの神名であつて、ベールはバビロンの日神マルヅークであり、熱田の祭神日本武尊を一名小碓尊といひ、ウスはウトの變日神で、草薙劍はバビロニア日神の持たるる内反の劒の名稱、熱田は日の出の義と說れた（國學院雜誌）。併し小碓尊は成程日神名稱ではあるが、之れを日神の持たるる劍としては、祭神は日神となる譯であるが、日神は神鏡なるが故に、劒は必ず軍神たる風雨神に相違ない。

又熱田神宮一月十日に行はれる踏歌神事をベロ〳〵祭といふは、バビロニアのベル（Bēl）（主神、最優者の義）であらう。それは原田氏に據れば秋田邊では小供の遊戯に木を曲げて「ベロ〳〵の神様親でも子でも屁をひつた方へ一寸向け」といふさうな、周防國では「ヘイコンジヤウ〳〵屁をひつた方へ一寸向け」といひ、曲り先が向いた方が屁をしたことになる。我が國に此の神の祭られたることが知られやう。

併し此のベルの神は、セミツト族のアッカド方面に於けるバビロン市のベル神宮たる日神マルヅーク神宮とは限らない。ベルは其の他の神をも唱へた。之れを當神宮祭事の名稱となすは、單に祭神敬稱語と觀るべきであつて、決してマルヅーク神宮に關係しない。

舊說に大宮五座なるも本主の神は日本武尊であつて、延喜式に一座と載せ、今猶神幸の時神輿一基なるによりて知られ、後四神を以て相殿とすと謂はれてある。その神名神座は次の如く

神座は右上左下

熱田神宮

土用殿
賓殿井樓組
神體草薙寶劒

正殿
東　建稲種命
　　宮簀姫命
中央　日本武尊
西　奇稲田姫命（一説素盞嗚命）
　　素盞嗚命（一説天照大神）

である。素盞嗚命は草薙剣と天叢雲剣の混淆説に因る。神座の順序は中座の武尊が主神として最高位であつて、右上左下なる由が察知せられる。

三　鎮座

熱田神宮の鎮座は、景行紀に、日本武尊が伊勢に於て倭姫命より神剣を賜はり、凱旋の途次尾張に留められたとあるも、併し縷説の如く日本武尊實は軍神アッダドなるに因りて、此の説話の無稽なることが肯定せられる。然れば鎮座の動機と時代に就ては、倭姫命世記に、

東夷防衛の守護神として初中島宮に祀らる

大神を尾張國中島宮に奉齋とありて、必ず當時草薙神劍を東夷防衛の守護神として、此の地に留め置かれて鎭祭せられたやうである。恰も三諸宮に於て奈具神鏡を留め祀られ、名草宮に於て日前神鏡國懸神を留め置れたる如く、此の地の尾張氏に託して祀られたであらう。それを後、熱田に移祭せられたること亦恰も日前國懸神を名草より秋月に移されたる如くであらう。

之れが證として崇神紀に「(天皇)妃尾張大海媛、一云大海宿禰女」とあるを、古事記に「妃尾張連祖、意富阿麻比賣」と載せ、熱田縁起に「氷上姉子天神、其祠在二愛智郡氷上村一、以二海部氏一爲二神主一、海部氏是尾張氏別姓也」とありて、大海宿禰は尾張連の別姓なることが察知せられ、其の本居たる海部郡は中島宮のある中島郡と本來同郡を分置せるものであつて、此地に本居せしことが首肯せられる。故に尾張國造の祖は既に垂仁帝の比、大和國より中島(海部)の方面へ移住せることが察せられ、又この氏族を大海宿禰ともいふは、海神を祖神とする稱名であつて、其の分族たる津守連が大海神社を祖神として祭祀する事跡と彼此符合する譯である。要するに本宮の起源は必ず初中島宮に留め祀られたるに相違あるまい。

第三節　內神と彌彦神

一　內神は日神

內神とは、張州府志に「熱田大宮、所攝社御前祠、內天神祠」とあるものである。加世田の內山田、大隅の內山田、伊勢大神宮を內宮といふに同じく尾張氏は天孫族たるが故に、皇室の日神特稱たる內神と申した。故に此神は尾張族の本來祭祀する日神である。

延喜式に、春日部郡內々神社と載せ、本國帳に「從二位內津々天神」とある內々は日神ウツを現の字義に迷誤である。宇都宮市の二荒山神社は宇津神で、創祀氏族たる下毛野國造を現君といひ、和泉國內神名帳に「從四位上大鳥內津山罪社」とあるは同例である。熱田社記に「種稻公入レ海亡沒。日本武尊下聞悲泣曰、現哉々々。依二現哉之詞一、其地號二內津社一」と、此の說話も同じく迷誤であるが、併し本社は多分尾張氏分族の祭祀であらう。

二　彌彦神と天香語山命

國幣中社彌彦神社は、越後國西蒲原郡彌彦村に鎭座し、尾張氏の祖天香語山命を祀ると社記に見え、延喜式に「伊夜比古神社」に作り、イは助辭、ヤは海神ヤー、伊豫國名はイヤの變で本來同語である。天香語山命は火神であつて、本社は尾張氏族によりて、此の地に祖神たる海神と、祖先たる火神を並祭せられたるが知られる。然るに後世ヤーの海神たるを忘失して單に香語山命といふ次第である。大日本史の神祇史に「按伊夜比古、猶レ言二裔孫一。天香語山、天火明命子、實爲二天祖玄孫一故云爾」とあるは迷妄に過ぎぬ。一説に此の神社を紀伊國大屋毘古神と同名同神となすも此神は前出雲派の神である。

第四節　名古屋は海神鎭護地

尾張の名古屋は、スメル語のナグヤー（Nagu Ea）の轉訛、ナグは神の鎭護地、ヤーは海神の名稱で、既に原田氏の發見に係る所である。名古屋の神は、今名古屋市外北方の上名古屋卽ち西春日井郡金城村大字西志賀鄕社綿神社（祭神神功皇后、玉依比賣命、應神天皇）であつて、延喜式山田郡綿神社である。名所圖會に、

綿神社、綿は海のかり字にて海童神を祭りしなるべけれど、中世八幡と稱するより今の祭神となれり、むかしは此邊りまで入海にてさる神社のおはしましゝなり。此西なる新川を

名古屋族
若宮八幡宮
肥前國名護屋
南久屋

掘りし時、地中よりはまぐりの殼の多く出し所ありて今もそこを貝塚とよべり。

と見え、海神を祭られた。名古屋の地名と山田郡名とは必此神に起因する。八幡といふは本來ヤーの神を祀られたる名か、或は此の說の如く中世以來の稱なるかは確證を缺ぐも、一般の例によれば本來ヤーの神なるが故に八幡と稱へ、中世應神說によりて祭神を增加したるものと想像せられる。その鎭座地を志賀といふは儺國、天野祝章に述ぶ。

併し此の名古屋神の創祠氏族は火明族でなく、必ず伊勢宇治土公族等と同時代比の先着者たるの理由がある。假りに之れを名古屋族といふべきであらう。尤もこの氏族は早く衰亡したるか、又は尾張連を假冒したるかは後考を俟つ。名古屋市の縣社若宮八幡宮は、一般天孫人種系諸神社の例に因るに火神アグの神であらう。

名古屋をナグヤとも云つた例は、文錄年中朝鮮征伐に有名な肥前松浦郡の名護屋港（また名古屋に作る）を地名辭書に下の如くある。

對州豆酘の觀音堂の鐘銘に康永三年云々肥州**南久屋**寶泉寺住持明俊とあれば、名古屋は本ナグヤと曰へる也。海東諸國記、**那久野**とあるに參證すべし。

筑前國名籠屋

名籠屋大濟

駿河國奈吾屋神社
吾田長屋津
攝津住吉の名兒の濱

越中國奈吳亘港

と記し、バビロニア語のまゝを傳へた。又同書筑前國遠賀郡の條に、

> 名籠屋埼、戶畑村の北に突出する岬角なり……。仲哀紀云「天皇幸二筑紫一時、岡縣主祖熊鰐、聞二天皇車駕一、參迎而献二魚鹽地一。因以奏曰、自二穴門一至二向津野大濟一爲二東門一、以二名籠屋大濟一爲二西門一」。其名籠屋を大濟と云ふは當時名籠屋は埼の名のみにあらず、此海村鳥旗の別名なりし如し。其大濟と云ふは洞海（今若松港）の渡航を指す。

と載せ、今も戶畑市に名古屋の地名が存在する。

其の他靜岡市賤機山麓の奈吾屋神社（祭神玉依姫）、吾田の長屋津の如きがある。又省略して單にナゴとも唱へた。萬葉集に「住吉の名兒の濱」とあるは其章に述ぶる如くナグヤーの略と知らる。

越中國射水郡新湊を古名奈吳と呼び、中古に別名を放生津、曰理（曰は亘の謬り）といふ。萬葉集十七に「奈古の安麻の釣する舟は……、原註に右大目秦忌寸八千島之館宴歌、館之客屋居望蒼海仍作也」とある地である。一名亘理は延喜式の譯名で亘理湊である。ワタリの名義は、

神名帳考證に「因幡國八上郡和多理神社、海靈和多罪豐玉姫、元名和多須神とあるワタリ、ワタス同語である。又海神ヤーの轉訛神たる國幣大社大山祇神社を伊豫風土記に一名和多志大神といひ、同社の地の御前として現に海神を祀る國幣小社沼名前神社を一に和多志神といふワタシは、共にワタ（海）をモン・クメール系國語の「渡る」義に誤解したるもので、本來ワタはスメル語のアッダ（海神にてまた水神）の轉訛なるが故に此の地に海神の祭られたることが察せられ、本名を奈古といふに因りてナグヤーなることが知られる。

丹後國水江浦島子の說話の本源地を、宮津府志に「熊野郡淺茂川村海濱所在之小社俗稱二奈古社一者、是往古所レ祭二浦島子一」。また源平盛衰記に「浦島が子が遊けん名越の仙室なるらむ」ともある奈古は本來ナグヤーであらう。

第四章　津國火明族津守連と大海神、住吉神

第一節　津國、玉野國、大隅、墨江、名兒、難波津の語原

津國はスメル語のツ

玉野國は海神國の義

Tu

で入江、入海、上陸場の義、住吉郡を古く玉野國ともいつた、タマは、セミチック・バビロニアン語のチアマット（Tiamat）、チマト、チマタ、タマトで海神の義の略、海神豊玉姫、玉依姫の玉と同語である。尤も神の決定詞 ilu を附せねば海の義となるが、原始時代の地名は殆 神名に負ふ例なるが故に玉野國とは海神國を意味する。住吉神社の攝社大海神社は實に玉出島に鎭座して在る。

大隅宮

應神紀に「天皇難波に幸して大隅宮に居し、高臺に登りて遠望し給ふ」とありて、難波津を一名大隅とも稱へた。大隅は九 洲 大隅の襲名で、墨江之津の墨は大隅と同語、江はスメル語の

エ　E

で入江、灣、海峽、峽谷の義、舊説に清江の義といふは迷妄である。津國の大隅、墨江の名は

既說の如く火明族が大隅國鹿兒島神宮の地より移住に因る襲名で、後にスミヨシ（住吉）といふは、江をエシ（善）の義に誤解したるに因る。それは既に早く攝津風土記に、

住吉と稱する故は、神功皇后の朝に住吉大神出現し給ひ、天下を巡行して住むべき國を求め、沼名椋の長岡の前に到り、則ちこは實に住むべきの國と稱讃して眞住吉の國といふ。依りて神社を定む、今俗に之を略して須美乃叡と稱す。

とあるは其の本末を顚倒したる譯である。

住吉の名兒の濱

萬葉集七に「住吉の名兒の濱邊に馬なめて玉ひろひしく常わすらゝず」とも、奈呉の海、名子江の濱邊とも詠まれてある。囘國雜記に「津國住吉郡なごの浦とかや、其浦に難波津を守れる人のすみしによりて津守の浦といふとかや」と載す。名兒は必ず大海神社に關係するナグヤー（NaguEa）の略であらう。

難波津の語原

また難波津の名義、ナは仲哀紀の魚沼と同語魚の義で、儺國の古名奴國に同じくセミチック・バビロニアンのヌヌ（Nunu）魚で海神の義、住吉神社の社地を渟中倉といふヌも、沼津、沼名前神社に同じく、ヌヌの約で海神の義である。ニはヌの變ノの義、ハは筑波（月神）、秋葉（火

神アグ)、丹波(日神タム Tam)に同じく助辭、故にナニハ津はナヌハ津で、ナヌ津卽ちナノ津の義であるから儺國の娜津と同語、海神の津たることが一致する。神武紀に「皇師至難波之碕、會有奔潮太急、因以名爲浪速國、亦曰浪華、今曰難波訛」とあるは異語を以て附會するものである。

難波の地名は今訛りてナンバといひ、大阪市の南部に殘り大海神社に起因する名稱である。舊說にナンバはナニハの轉訛にあらずといふ說あるも、併しナニハ、ナヌハ、ナンバの轉語なるは、天神アンをアヌ、アンヌといふに因りても知られる。

大隅宮跡は日本書紀安閑帝の段に難波の大隅島及媛島に放牛のこと見え、浪花古圖に大道寺村(吹田の南)とある。併し本來大隅は住江と同稱なるが故に難波と共に此地の大號であらう。

第二節　津守連と大海神

津守連は火明命の裔尾張連の分族である。新撰姓氏錄に「攝津國天孫、津守宿禰、尾張宿禰同祖、火明命八世孫、大御日足尼之後也」と記し、始祖を田裳見宿禰といふ。神功皇后紀、三韓凱旋後に、住吉三神の教によりて、穴門直の祖踐立と、津守連の祖田裳見宿禰とが皇后に啓して、踐立を以て荒魂を祭る神主と爲し、祠を穴門の山田邑に立て、又和魂を津國に祭ると見え、

田裳見のタモはタマと同語海神の義

垂海は田裳見と同語

依網はユサウサで日神の義

大海神社

和魂の祭祀者たる田裳見はタマミで前記玉野國の玉に同じく海神の義、ミはセミチック・バビロニアンのアミル（人の義）の略か、又は日高見、穂高見のミでチアム語の敬語であらう。津守氏は住吉神を祀り上古に於て三韓及び唐國に使し海路の交通を掌つた。住吉大社司解状に「大神御言以て宣給はく、吾は玉野國有り、大垂海、小垂海等に祀り拝がまれんと宣る」とある垂海もタマミの轉訛で、神功紀に「依網吾彦垂見をして祭神の主と爲す」とある垂見も同語である。依網吾彦は開化帝の裔丹波氏族で、ヨサミは丹後國與謝と同語、ヨサはユサ、ウサ（宇佐）で日神ウツの轉訛である。攝津國住吉郡大羅郷、河内國丹比郡依羅郷がありてこの子孫も大依羅神社と稱ふる住吉神に奉仕した。

延喜式に、住吉郡大海神社二座（元名津守氏人神）と載せ、この社は住吉神社の西北、玉出嶋に祭り、祭神豊玉彦、豊玉姫といひ、一説に津守連の祖田裳見宿禰とあるが、併し之れは海神を津守氏が祖神として祭祀したるものである、海神は日神の親神で海神を祖神と仰ぎ、日神を祖先と稱ふるは、我國に於ける一般天孫人種系氏族の信仰習慣である。

第三節　住吉神

一　住吉神は南風神

住吉神は神功皇后紀神託の段に「則對曰、於日向國橘之小戸之水底所居而水葉稚之出居神名表筒男、中筒男、底筒男神」と載せ、古事記に「其底筒之男命、中筒之男命、上筒之男命三柱神者、墨江之三前大神也」とある如く筒之男神で、その大本社は既說の如く大隅國である。この神は古來の傳說に鹽土神と同神說がある、單に同神說ばかりで無く二神の神德が一致し、加ふるに名義が符合する。殊に日本に於ける舊解釋の上からばかりでなく、バビロニア語から解釋しても一致するのである。

一　住吉神と鹽土神の神德一致

住吉神は神功皇后征韓の役にも中古遣唐使の時にも、海上守護神として旅行神として祭られ今日に至つた。神功紀征韓の段に「神誨て曰く、和魂は王身に服て壽命を守り、荒魂は先鋒と爲りて師船を導かん……冬十月和珥津より發ち給ふ。時に風神は風を起し、海神は浪を擧げ、海中の大魚悉く浮て船を挾み、大風順に吹きて、帆舶波に隨ひ、艫楫を勞せずして新羅に到る」と見え、この和魂荒魂は天照大神と住吉神とで、魚は海神の使たることがバビロニアと一致する。

住吉神鹽土神同神說

かくて鹽土神は古事記に「火遠理命（火火出見尊）が海幸の失敗を泣患ひ給ひて海邊に居ます時に、鹽椎神來りて善き議ひを成し、无間勝間の小船を造り、其の船に載せて海神の宮へ出だし奉られた」とあり、神宮大綱に「豊受大神宮末社志寶屋神社祭神鹽土老翁……海路主護の神靈なるにより當地（度會郡大港町）は卽ち海濱にて水路の要津なるを以て祝祭せるならん」と述べ、舊說に旅行神と釋く、然れば鹽土神は全く住吉神と神德が合致する譯である。

二　同神の傳說

日本書紀通證に下の如く見えてゐる。

和泉國大鳥郡開口村眞住吉神社、俗稱二三村大明神一、所レ祭鹽土老翁也。神功皇后征韓時奉レ導也。故歸國之後、鎭二坐此處一、爲二住吉之外宮一。是以攝州住吉造替時、此社亦更造營、蓋一體別祠之義也。

とあるは、住吉神たる筒之男神と鹽土神と同神說である。日本紀傳にも「鹽土神は住吉三神を一神としたる御名にて鹽といふは、潮の事にて海の底と中と表とを總て云ふなり」と述べ、この二神同神の傳說は處らく原始神話を傳へたる正說なることが下によりて察知せられる。

田村神社

鹽土神はシュ
ーチ(南風神)
である

三村大明神は神祇志料に「昔開口、木戸、原三村共に此神を祭る仍て三村大明神といふ」とあるも、併し吉田東伍の說に三津守と解釋した。守を村に訛つた例は、國幣中社田村神社の名義は社傳に、定水大神といひ本殿下の井水を神座とし、且つ大川郡水主神社と兄弟神といふに因りて、田守の變化なるが知られ、皇太神宮攝社國津御祖神社の祭神田村比賣命も田守の神であり、神祇志料に「伊賀國伊賀郡田守神社、今田守村に在り、田守大明神といふ」とある。卽ち同神であるから三村は御津守の略で、開口は火神アグに關係する名稱であらう。

三　名義の一致

鹽土神は古事記に鹽椎神、紀に鹽土翁、一書に鹽筒老翁に作り、土と筒と同語なるが知られる。然れば住吉の筒之男神は本來鹽筒之男神の略であつて、潮の底筒之男、潮の中筒之男、潮の表筒之男の義なるが故に全く同神なることが首肯せられる。併しその原語から考へると、鹽土神は原田氏の謂れたる如く、セミチック・バビロニアンの南風神たるシューチ(Sučči)の轉訛で、シューチの神は海上守護神、旅行神である。シューチは風の決定詞を附記すれば南風、これを附記せざれば南方で、バビロニアの地形上北風は豪雨を伴ひ、南風は晴涼で航海を助くるものとせられた。火火出見尊の海宮出幸に方り鹽土神たる南風神の指導によられ、神武東征に椎根津彦卽ちシューチたる南風神の名稱を嚮導者に賜りたる如き、又鹿兒島神宮末社隼風宮は鹽土

筒之男神と祀りて住江神といふは津國の大隅住江の地名に負ふ

神で、シューチたることが符節を合するが如くである。古事記傳に鹽を知る義に解し、日本紀傳に潮の事とするは共に迷誤である。

之を綜合するに、鹽土神は住吉の筒之男神なることが察せられ、殊に上述の橘小戸河波岐原の本源たる鹿兒島神宮は、火火出見尊の外に綿津見三神、住吉三神の大本社であつて、其の縁故ある吾平族の祭る枚聞神社も、火火出見尊、海神、鹽土神を祭り、又鹿兒島神宮と關係深き本社も、住吉筒之男神を鹽土神と傳へて海神等と並祭し相共通一致するは、必ず原始思想を傳へたるものに相違ない。

二　鎭座

攝津には本來津守連の祖先に因りて海神日神火神等が並祭せられ、筒之男神は傳說に因れば、神功皇后三韓凱旋後神敎によりて、廣田神生田神と共に武庫津の菟名負に祀られ、仁德帝の朝現社地へ移され、此の神を主祭して殊更に住江神と崇められた趣で、これより津守連が祖神として祀る大海神社は、却て住江の攝社となるに至つた。然れば筒之男神を住江神といふは津國の住江津に因るもので、大隅國名に負ふ神社名では無い。

武庫津は神功紀、務古水門に作り、輪田泊兵庫津の舊名で、輪田はスメル語のアッダ（Ada）

兎名負の義
畝火の義

渟中倉の語原

クラは山の義

海又海神の義の轉訛、務古津は向ひ津の義で墨江津の向ふ津の意であらう。武庫郡廣田郷廣田神社の祭神天照大神の荒魂撞賢木嚴之御魂天疏向津比賣の向津も同意である。住吉神の一名を向匱男聞襲大歴五御魂速狹騰尊（住吉大社司解狀）といふ向匱は武庫津であらう。仲哀紀にも岡縣主の記事に下關の濟を向津野大濟と見えた。

武庫の住吉は、和名抄、兎原郡住吉郷の茨住吉神社で、兎原は萬葉集に葦屋之兎名負（又宇奈比）と記し、ウナビは畝火と同語ウは助辭、ナビは神奈備の奈備で、モン・クメール語の岡の義、大津渟中倉之長峡とある、ヌナクラのヌは、セミチック・バビロニアンのヌヌ魚の義、魚は海神の召使で海神其の者と同視せられた。これはバビロニアばかりでなく我國に於ても同様である。俗に海神國と稱する儺國を古名奴國といひ、履中紀に淡路野島之海人とある野島は、沼島とも記し海人を以て有名である。備後國沼隈郡沼名前神社はバビロン語のヌヌツクドマ（海神の前の義）であつて、海神たるヤーの太魚（伊豫二名）の野々島（大三島の古名）大山積和多志大神の地の御前の意で現に海神が祭られてある。渟名倉のナは助辭でノの義、クラは舊說に倉庫の名であると解せられたが、スメル語のクラ（Kla）で山の義、天孫人種系の日神海神を祀る宇佐八幡宮鎭座の小丘を小倉山といふ倉も山の義、釋紀に引く播磨風土記に「住吉の大倉向きてとばゞこそ速鳥といはめ何にかはやとり」と載せたるによるも、ヌナクラは海神鎭座の山の義と知らる。

本居宣長は「渟中倉の長峡は兎原郡住吉郷なり。今も本住吉とて祠もあるなり。此地古名ヌナクラ里と云ひしとぞ、武庫山の支別の南の方へ長く引延たる尾崎にて誠に長峡と云べき地なり」といふを、吉田東伍は之れを駁して曰く「仁徳帝に至り難波に墨江之津を定め大神をも彼地に移し奉りぬれば、後世の人難波と務古を混同し、渟中倉之長峡は務古に非ざるをも神功皇后の昔に牽合したるが如し。今兎原住吉の地形を察見するに山坡に在り、斜面にして長峡に非ず、本居氏の説誤れりと爲すべし。渟中倉之長峡は難波なる今東成郡の阿部野より南に引きたる卑丘の謂にして、住吉大社は正に其尾に在り」と斷じた。

廣田神社

神功皇后凱旋の時、務古津へ廣田、生田、長田、住吉の四社を祀られたとある、其の天照大神の荒魂といふ廣田神社は倭人語のヒ、ヒル（日、晝）の轉ヒロで、タは猿女公の祀る賣太神社、吾田、山田のタに同じく助辭、祭神の向津姫のヒメは日の女神の稱で、これはバビロニア系の神が通俗語の倭人語化したる譯である。

生田神社

生田神社は既說の英虞荅志の神たる稚日女尊で、生田のイクはアク（火神）の轉でタは助辭、日神の御子が火神なるが故に稚日女尊である。神功紀に「生田長峡國とある長峡は一に長狹に作り、今神戸市の長狹町に其の名を存して居る。長狹はスメル語のナグウツ（日神鎮護地）の轉

長田神社

ナグサとなり、ナガサに轉訛したるものである。

長田神社の長は三島溝咋並事代主神の裔長公、長髄彦の長等に同じく、チアム語 Naga 龍の義で龍蛇信仰に淵源し、タは助辭である。神功紀に「事代主尊誨て曰く、吾を御心長田に祠れ、則葉山媛の弟長媛を以て祭らしむ」と記し、長媛の名もそれである。坪井九馬三氏に據るに事代主神は事知主で、事は狩獵の事なるが故に此の神はチアム系の神である。

社殿順序は右上左下

三　社殿順序と祭神

住吉神社の社殿は、住吉大社司解狀に、御神殿四宮、第一宮表筒男、第二宮中筒男、第三宮底筒男、第四宮姫神宮御名氣息長帶足姫皇后とあるも、現在境内圖面に依るに、社殿は西方に向ひ、東方に第一本殿底筒男、其の前面たる西方中位に第二殿中筒男があり、又其の前面西方に第三本殿表筒男があつて、第三殿の南側に第四本殿姫神宮がある。併し本來からいへば、第四殿姫神宮と第三殿は現狀の如く南に位置し、其の後方なる中位の第二殿は前進して第三殿の北側に位し、又第一殿も前進して第二殿の北側に位置すべきである。故に第一殿底筒男神は最高位たる右上であつて、次が第二殿中筒男、次が第三殿表筒男その次が姫神宮の順序である。

バビロニアに於ても男神を右（向て左）にし、女神を左とし、右を先にし、左を後にする習

「官幣大社住吉神社々殿配置圖」

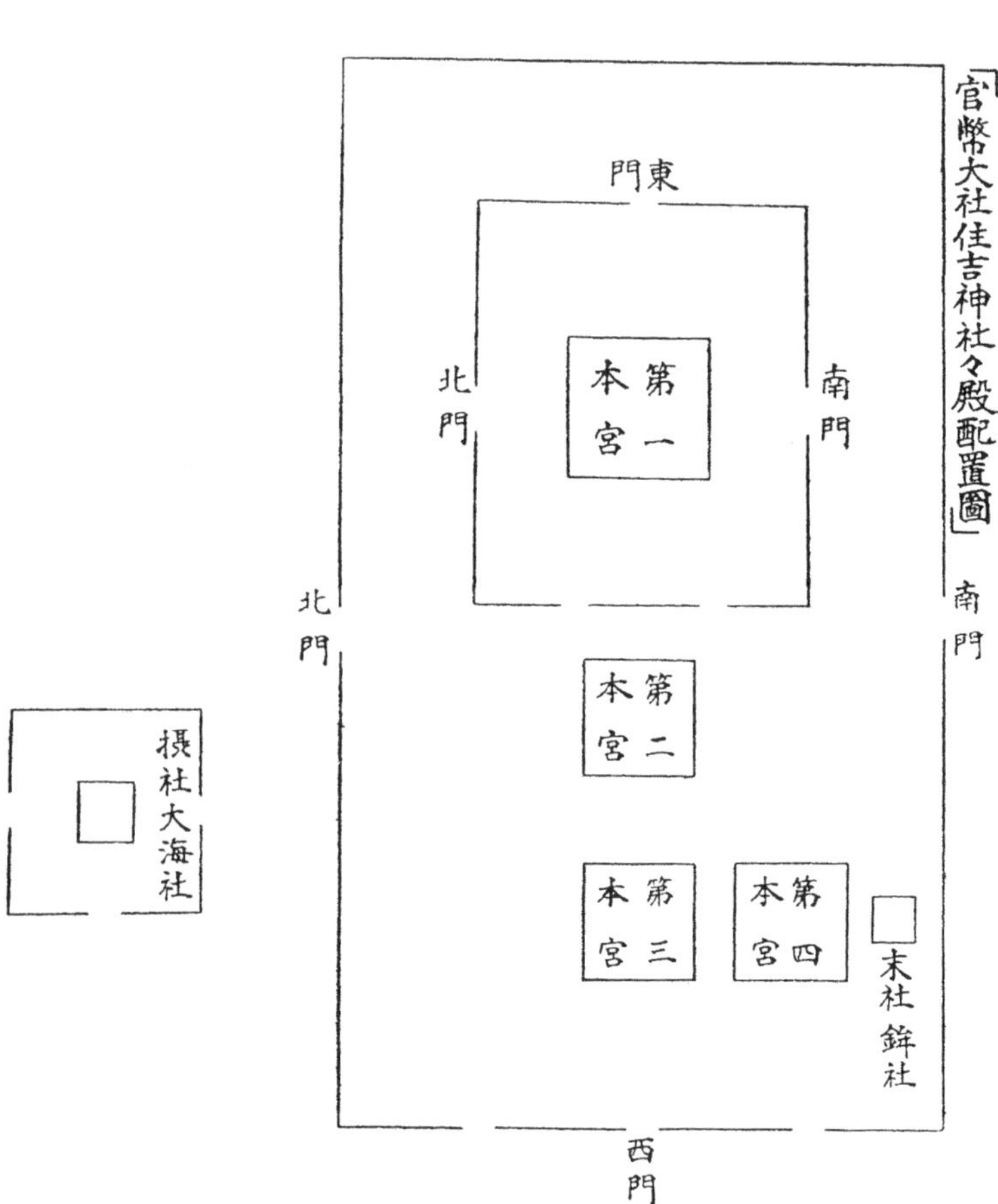

姫神宮は日神

鉾社は火神

慣で、右上左下の思想に符合し、且つ一般天孫人種系古大社の慣例に一致する譯である。解状に、前方の表筒男を第一殿と爲すも、奥の底筒男を第一殿とする現在の社殿順序が正しい。日本書紀は表筒より古事記は底筒より掲げた。バビロニア系古大社の神座、社殿の順序は何れも右上左下なるは各章に述ぶる所に因りて知られる。

然るに古事記に男神を左とし、女神を右とし、左眼を洗ふによりて高位の日神生り、右眼に月神生るといふ思想とは全く反對である。この眼を洗ふによりて日月神の生るといふ神話は、日月は宇宙といふ靈物の眼であると見做した生氣説で、チアム人種などの思想に外なるまい。大寶令も左上右下で、支邦でも右上左下又は左上右下の思想があつた。現在マラヨ・ポリネシヤ族には、左右尊卑の思想は存在し無い。故に左上右下の思想は上古の末期頃よりの變改であらう。

第四殿姫神宮は神功皇后とあるも、實は宇佐比賣神に同じく必ず日神ウツである。ヒメ卽ち日の女神を姫に誤解して神功皇后又は豊玉姫と爲すは殆普通である。姫社の左側、末社鉾社は武器の鉾を祀るにあらず、必ず伊豫小市國造族が御鉾神を祖先とも守護神とも稱へて祭り、伊豆國造が天蕤桙命の裔といひ、安曇連の祖穗高（ホコ）見命一名穗己都久命の穗己、穗高、鉾に同じく、火の男神の稱で、本來アクの神を土語の國語を以て申したるものである。海神の子日神、その子火神を祖先として祭るは、天孫人種系の信仰習慣であるに一致し、又社殿の順序から申しても日神の子が火神であるから姫神宮の下位に位置するは、一般思想と事實に合致する譯である。

本社の攝社大海神社に海神を津守の氏神として祭るは、天孫人種系の習慣で、本來津守連も其の同族たる尾張大海宿禰、丹後海部直、但馬國造等に同じく海神を祖神とし、日神火神を祖先として並祀し、かくて神功の朝に至つて住吉神を主祭する譯なるが故に、舊說に津守連は天孫族として海神を祖神といふべからずといふは迷妄である。

第五章　丹後國火明族海部直と籠神並但馬國造と周敷連

第一節　丹後國與謝、海部直

丹後國は元丹波國を和銅六年に分置する所で、丹波を和名抄に太邇波と注し、一に旦波に作る。舊說に田庭の義となすは徹底し無い。タニハはタムバの轉訛で、タムは日神の神德に因る名稱で、ウツの楔形文字にタム（Tam）の音がある。日神といふ場合の音はウツ、明かといふ場合の音はバル（Bar）なるも、如何なる意義を現す場合にタムと發音すべきやは不明であるが、丹波國は日神の徳に關係ある國名である。丹波のハは筑波秋葉のハに同じく助辭、與謝の地名は、雄略紀に丹波國餘社郡、顯宗紀に丹波國餘社郡と記し、又吉佐に作る。倭姫命世記に、崇神帝の時天照大神を吉佐宮に遷座したる由が見え、吉佐はウサ（宇佐）ユサに同じく日神ウツの變化である。

倭姫命世記の吉佐宮は、今の切戸文珠堂の位置說と、中郡五箇村大字鱒留の比治說とがある。併し內宮の鎭座といひ、外宮を之れより遷座といふが如きは、全く後世の疑作ではあるが、此の邊にスメル系の日神が祭られたる譯である。比治は原田氏によれば、セミチック・バビロニアンの「悅び」の義、この比治を比沼に誤り、比治の奈爲（本來は奈具）を比沼眞奈井に誤つた（伊勢國豐受大神宮の段參照）。

丹後の海部直は本來丹波國造で、同族たる但馬國造海直と共に三丹地方に於ける海部の首長たりし氏である。國造本紀に「丹波國造、志賀高穴穗朝御世（成務）尾張同祖建稻種命四世孫大倉岐命定賜國造」。また宮津志系圖に「神主（與謝郡籠神社）海部直祖天火明命、品太天皇御宇定二海部直姓一」。また天孫本紀に「火明命六世孫建田背命神服連、海部直、丹波國造、

海部は海の雜人の義

直の語原は海の首長の義

籠神社の語原

但馬國造等祖」と載せ、同族がこの地方に割據した。

海部直のアマはスメル語のアマ

A ma

アは水の意、マは助辭でアマは海の義である。部はセミチック・バビロニアンのベル（Bēl）の下略で主神、主君、首長、最優者の義、併し神武紀の紀伊國名草戸畔、丹敷戸畔はバビロニア語で、戸はツの轉ノの義、畔はベル主神首長の義なるは確であるが、海部は物部に同じくチアム語のベト（Bet）雜人の義と解するを穩當と信ずる。

直のアタは吾田國と同語、海又海神の義、へはベルで海の首長の義に起因する名稱であらう。

第二節　籠神は火神

籠神社は與謝郡府中村に在りて今國幣中社である。當社は火明族たる海部直の祭る所で、祭神に就ては古來火火出見命、海神、天水分神、住吉三神等の數説があり疑問とせられてゐる。併しこれ等は原始史より見ると何れも其の理由がある。籠はカゴとも訓み、カゴは鹿兒島神宮、天香吾山命、建角身神の后神たる伊加古屋姫、播磨の加古に同じく火神カグと同語、省略して單にコともいふ。伊豆三島神の后神伊古那姫は火山造地の火神であつて、イコナのイは助辭、コはカコの略、ナはノの義で助辭、天兒屋根命、吉備高島（兒島）も共に火神名、當社に火火出見命を祀るは、若狹遠敷神社に火火出見命を祭るに同じく原始神を傳へたる譯である。火火出見命の名稱を皇室の御祖先の名となすは、日本書紀以來であつて、古代は火神の凡稱であつた。又海神、住吉三神等を祀る傳說は、海部直が天孫族たる點よりするも、津守連と同族たる點よりするも、海神や住吉神を並祭するの理由がある。

第三節　籠守明神は火神杜明神

當社を籠守明神といふコモリのコは火神、モリは韓語森、岡、山の義、景行紀の御諸別王を姓氏錄に、彌母里別に作り、三諸は御森、これを御室となすは後世の解釋。神聖なる森は神の御杜で神社の義、故にコモリは火神の杜の義で籠神社と同意。霧島岳の別峯夷守岳の夷守神社（雛守神社）は火山の義。但し籠守夷守は共に火守神として通用せられた。夷守は斷じて舊說の鄙守の義では無い。

籠守の火神たるは神宮大綱に「皇太神宮攝社、許母利神社祭神、粟島神御玉」とある。粟島

天水分神は火雷神

丹生川上神社は火神て雨神

建水分神社も火神

吉野水分神社も籠の神

神とは神功紀、吾（英虞）苔志淡郡神、また延喜式、志摩國答志郡粟島坐伊射波神社とある火神アグで、征韓後に祭られた生田神社祭神稚日女神である。火神アグを祀りて許母利といふ、籠守、籠神社の同意語で、火神名たるが符節を合するが如くである。

また天之水分神を祭るといふ說は、既說の火神たる天香山神を泣澤女神といひ、添上郡春日の香山の地に鳴雷神社があり、紀伊國鳴神村に香土神社があり、轟神社祭神を泣澤女神といひ、雷電社祭神を火牟須比命荒魂といふ信仰に因り、火雷神卽雨神たる神性を有する譯なるが故に、火神たる本社は天水分神たるに相違ない。

その例は大和の丹生川上神社は一に雨師神といひ、丹生は火神ナブの變で火神を雨神として祀られ、若狹彦神社は二社並立し、一に若狹遠敷神といひ、祭神はナブの神たる火火出見尊と豐玉姫で、此の神社も水神として崇拜せられた（大和國造章參照）。河內國南河內郡赤坂村大字水分に、延喜式建水分神社がある。赤坂の赤は明石、明光浦（和歌浦）、上毛野國造の祀る赤城神のアカと同語、火神アグの變、坂は八坂神社のサカと同語、ツングース語のサカ（Saka）淸の義で神社の意、榊も淸木の義である。これ等も火神を水分神として祀られた。

大和國吉野水分神社は水分山にありて子守明神といひ、或は籠の宮ともいふ。舊說に子守はミクマリ（水分）をミコモリに轉訛して子守明神といつたとの說は迷妄で、本來火神杜の義、

阿多古神社は御瀧の神

名草神社

故に籠神社を籠守明神、天水分神といふも共通的信仰である。

延喜式、丹波國桑田郡阿多古神社（三代實錄貞観六年に愛當護神、元慶三年に阿當護神に作る、）は神祇志料に、火神火之夜藝速男神を祭ると記し、アタゴはアゴの變化で仇子ではない。和名稱に、山城國愛宕郡を於多岐と訓むは御瀧の義、火神は水神として瀧の神である。京都愛宕山にも空也瀧がある。大日孁貴の三女神、湍津姫は瀧ツ姫で水の神、日神の子が火神で水神といふ思想である。

又住吉神といふ傳說は、此の神本來天孫族に深き關係がある。雄略紀に丹波國餘社郡管川人、水江浦島子の說話を載せ、扶桑略記に浦島子の歸來を記して「忽到故鄕澄江浦」といひ、萬葉集に浦島子を詠ひて「住江の岸に出で居て釣船の……住江に歸り來りて家見れど家も見かねて」とありて住江と記す。これ等は同族によりて此の地方に住吉神や海神を祭られたるに因る說話である。

猶丹後國の奈具神、名木神、奈爲神はこの氏族の祀る所であらう。伊勢國章參照を要する。

第四節　但馬國造及周敷連と所祭神

また同族たる但馬國造は、姓氏錄に「左京天孫但馬海直、火明命之後也」。また舊事紀に「建斗米命子建田背命、母中名草姫、但馬國造等祖」と載せ、延喜式に「但馬國養父郡名草神社」

海神社

周敷連

周布は諏訪周防と同語ズアブにて海神名丹原は丹波と同語壬生川は火神名

とある名草は紀伊國名草と同語、スメル語のナグウツ（Nagu-Ut）の變、日神鎭祭地の名稱で、この名草神は但馬國造の祀る日神である。又延喜式に「但馬國城崎郡海神社名神大」とあるは、この氏族の祭る海神であらう。但馬國造を國造本紀に竹野君同祖彦坐王の後と記す。併し姓氏録に、但馬海直は火明命の後と載せ、この直即ち國造の稱で、其の實蹟よりするも國造本紀の説は錯誤がある。

周敷連は續日本紀「天平寶字八年七月伊豫國周敷郡人多治比連眞國等十人に姓を周敷連と賜ふ」とあるを、姓氏録に「丹比須布、火明命三世孫天忍男命之後也」と載せ、その祀る所は今伊豫周桑郡周布村大字周布に、延喜式内縣社周敷神社祭神火明命とある。周布の地名と此の氏族との關係は明でないが、周布は諏訪周防と同語、スメル語のズアブ（Zuabu）深淵、海の義で海神名、その周布村の隣に丹原町があつて丹波と同語、其の傍地に壬生川町がある。壬生はニブともミブとも訓み、丹生の字をも宛つる例で、ミブはニフの變、ニフは官幣大社丹生都比咩神社と同語、火神ナブ（Nabu）の轉である。これによりて同族の本居には、祭神地名等が共通するが故に此の周布郡にも古代火明族が本居して海神日神火神等を並祭したることが察知せられる。

「天孫人種六千年史の研究　一」

解説

板垣英憲

「日本民族のルーツを探る」（第一篇、第二篇）

万世一系の天皇制を誇る「我が皇室の淵源」について、日本国内のみならず、世界各国で関心が高まってきている。天皇陛下の「ビデオ・メッセージ」（平成の玉音放送）の影響力は計り知れない。大日本帝国陸軍士官学校で副読本として使われていた『天孫人種六千年史の研究』（伊予国一宮大山祇神社・三島敦雄元宮司著、スメル学会刊、1927年）は、大東亜戦争敗戦後、GHQによって焚書されて絶版となっていた。しかし、ここにきて「日本の天皇家は、スメル文明の直系の子孫」であるというバビロン学会の研究成果が再評価され、加えて、天皇陛下が発せられた「ビデオ・メッセージ」が、国内外で深い感銘を与えて、天皇陛下の「光被」（君徳）が、日本に止まらず、海外に広く行き渡り、「世界の象徴天皇」として崇敬の念を持って受け止められた。さらに、「我が皇室の淵源」（「天皇の尊号と理想信仰」について、正しく知りたいという欲求が急速に高まってきている。

天孫人種は、B．C．4000年〜2250年、現在のシリア〜メソポタミア＝現在のイラク南部を占めるチグリス・ユーフラテス河岸地域で栄えたシュメール・バビロニア王国（首都はバビロン）をルーツとする。バビロニア系氏族は、フェニキア人がレバノン杉で造った「タルシシ船」（宝船）に乗って海路、東洋へ移住し、日本列島の九州〜本州の紀伊、伊勢、尾張、信濃などに先着した。

後続の主力は、吾田国長屋笠狭（鹿児島県南さつま市加世田内山田）を「第1の王都」とし、「笠狭宮」（南さつま市加世田川畑6976）を築き、日向高千穂（宮崎県）に第2の王都を築いたと伝えられている。

『天孫人種六千年史の研究』は、「古語に天皇をスメラミコトとも、スメラギ、ミカド、明津神（あきつかみ）とも申し上ぐることは、国家の大事実で国体の基底である」と述べ、「スメ（皇）、スメラ（天皇）とは、古代バビロニアのスメル（Sumer）と同語で、ル、ラは助辞の変化である」「スメ、スム同語で全く神の義である。羅甸（ラテン）語のスメ（Summae）も至上至高の義で同語系統である」「我が皇室は、スメル尊号を負ひ賜ふ大君主にて、神民族の大宗家たる御系統なることが推（すい）

知せらるゝ訳であらう」と説く。

次に、「アッキ神（天皇）、スメラギ（天皇）は火神アグの称号」について、「アッキ神の語原はスメル語の火神アグ（Ａｋ）の神名で、アグツ神の変である。我が国に於て神名地名等に、アク、アゴ、アキ、アギ、カグ、カコ、コなどの名称は殆火神に原因するが故に、火神の原語はアグなることが肯定せられる」と述べている。

「ミコト（尊、命）、ミカド（天皇、帝）の原語ミグト」について、「ミコト（尊、命）の原語は、セミチック・バビロニアンのミグト（Ｍｉｇｕｔ）の変で天降るものの義、即ち神といふことである。これは亦古代に於て其の言義を亡失せられ、単に敬語として天皇、神其の他に付加して用ひられた」「天皇の尊号をミカドと申し上げた。ミカドの語原は、ミコト（尊）と同語、ミグトの変で、天降るもの即ち神といふことである。天皇（スメラミコト）は実にアグツ神であらせ給ひ、天降り給ふ天孫の裔であらせらる」と解説している。

「皇孫瓊々杵尊は日神ニンギルス神宮の尊号」について、「ラガシ市の主神なる日神ウツは、ニンギス（ＮｉｎＧｉｒｓｎ）と唱え、ニンは主の意、ギルスはラガシ市の一部の地名であって、其処の主神がラガシ市全体の主神となりたる為めの名であると謂はれている。併しギルスは単に地名でなくして波斯（ペルシャ）語のキロスの原語、君、王の義で神の王述べて『ラガシ市はギルス、ニナ、ウルアザッカ、ウルの五区から成り、ウルニナはギルスの地を選んでニンギルスの神殿を営み、之をギルスの家と崇めた。ラガシ市の一名テローといふは、ニンギルス神宮の有る丘Ｔｅｌｌ、Ｐａｌａｃｅに因るものである』といはれてゐる。これ等の地名は本来祭神に起因するものであって、決して故なく地名が発生したものではない。然ればニンギルスとは、主君、主神、神の王の義たるが察知される」と述べている。

記紀神話の神である瓊々杵尊は、天照大神（あまてらすおおみかみ）の孫。天忍穂耳尊（あめのおしほみみのみこと）の子。天照大神の命により父神に代わって瑞穂（みずほ）国の統治者として日向（ひむか）国高千穂峰に降臨。木花開耶姫（このはなのさくやびめ）を妻とし、彦火火出見尊（ひこほほでみのみこと）を生む。皇室の祖神である天津彦彦火（あまつひこひこほの）瓊瓊杵尊。シュメール・バビロニアの「各都市の主神」は、日本の各所で祭られ、「神名、地名、人名」に残っている。

日本各地にシュメール・バビロニアで崇められた神々が、祭られている。「東洋移住は海路」によって、天孫族は、日本に渡来してきた。「天孫人種六千年史の研究」（愛媛県大三島神社神官・三島敦雄著）は、《日本人シュメール起源説》に立ち、古代から現代に至る歴史を通して日本民族の正体、「アイデンティティ（自己同一性）」を探求している。シュメール・バビロニアに於いて崇められた「各都市の主神」は、日本列島の各所で祭られており、これは、各地の「神名、地名、人名」に残っていて、日本民族が、いかにシュメール・バビロニアの子孫として関係の深い民族であるかを実証している。

【バビロニアの本国】

シュメール時代の中期以降、シュメール＝シュメール族、アッカド＝セミット系種族の2州から成立していた。

アッカド＝北部バビロニア⬇アッカド、シッパル、クタ、キシ、オピス、バグダッド、バビロン、ボルシッパなどの諸市。

シュメール＝南部バビロニア⬇東北方の住民キウリ、南方平地の部族ケンヂ＝ラガシ、ウル、エリヅ、ラルサ、ウルク、ニップル、イシン、ドールイルへ、エレク、ウムマ、アダブなどの諸市。

【シュメール興亡史】

BC8000年〜6000年、シュメール、バビロニアの地に移住、部落生活から市王国建設

BC4000年、文明起こる。

BC4000年紀、アラビアの遊牧蛮族の大部隊、北部バビロニに移入、シュメール文明に化せられる。セミット種族、アッカド市地方を占有。

BC3400年以前、ファラ発掘品時代

BC3000年紀、ラガシ時代キッシユ王メシリム、シュメール地方の宗主権振るう。

BC3000年紀、ラガシ王ウルニナ、宗主権を執り、シュメール王。ラガシ王の子アクルガル王、その子エアンナツム王、その子エンテメナ王、4代。

BC2750年紀、キッシユ王ウルカギナ起こる。最古の成文法典（王の編纂）、ウムマ王ルガルザギシ、王位に就き、エレクに定める。勢力、地中海沿岸に及ぶ。

BC2750年、始祖王シャルギ、数代経て、血統絶える。

BC2650年紀、シャルガニシャㇻリ（サルゴン王）アッカド王朝建てる。その子ナラムシン、全世界の王と称され、版図は地中海方面に及ぶ。

サルゴン王、シュメール人のニップル市のエンリルをベル（主神、最優者）として崇拝。

ナラムシ死後約200年間、バビロニアの暗黒時代。

BC2450年、再びラガシ王、覇権掌握。英主グデア。王は霊夢により、エラムのアンシャン地方を征し、女神ニナの神殿を建立。

BC2400年、継嗣ウルニンギルス、ウル王朝起こり、宗主権を執る。2代ヅンギ王、全世界の王と称し、「シュメール、アッカドの王」を唱える。

BC2350年、イシン王朝起こる。

BC2250年、第7代ウルニニブ王のとき、シリアのアラマイ人と呼ばれるセミット族　バビロニアに侵入し、シュメールのイシン王朝を倒す。初代王スムアビ。シュメール人の王は滅亡する。

BC2123年、6代にしてエラムの一部将ハムラビが統一、バビロンに奠都。（スムアビより7世）、バビロン第1王朝。バビロンの名＝サルゴンのとき初めて見え、シュメール語チンチル「生命の森」、バビ＝門の形、イル＝神の義。

BC2100年、ハムラビ大王の子・サムスイルナの時、シュメール族のリムシンを倒し、シュメールの王族臣民は難を逃れ、カルヂア、ペルシャ湾に逃れ、海国を建設、ラガシ、エリヅなど海岸都市を荒廃させる。

BC2000年紀、北方高原に住む山住民カシット（セミット族）侵入、第1王朝倒し、カシット王朝建設。

BC1500年〜1401年　バビロニア語、楔形文字（エジプト、小アジア、シリア、アルメニア、エラムなど諸民族の日常記録、外交文書）エジプト中部のナイル川東岸アマルナ文書

BC1225年、バビロニアの属国アッシリア、バビロニアを征服。アッシリア時代、版図はエジプトに及ぶ。

BC609年、カルヂアのナボボッサル、メヂア高原の王キアクサレスと同盟し、アッシリア討伐、海国の人々はこれを助けて、国都ニベアを2年攻撃して陥落させる。

BC606年、新バビロニア王国建設。ナボボッサル王は、その子・ネブガドネザルにエジプト

を討たせ、王位を継ぎ、ユダヤの国都を陥落、王・貴族を擒にした。バビロンの強盛栄華、冠絶。

【バビロニアの本国】

シュメール時代の中期以降、シュメール＝シュメール族、アッカド＝セミット系種族の2州から成立していた。

アッカド＝北部バビロニア⬇アッカド、シッパル、クタ、キシ、オピス、バグダッド、バビロン、ボルシッパなどの諸市。

シュメール＝南部バビロニア⬇東北方の住民キウリ、南方平地の部族ケンヂ＝ラガシ、ウル、エリヅ、ラルサ、ウルク、ニップル、イシン、ドールイルへ、エレク、ウムマ、アダブなどの諸市。

【各都市の主神】

〔シュメール地方〕シュメールの神は、以下の通りである。

ラルサ市	ウツ	日神
ラガシ市（テロー）	ニンギリス	日神
ウル市	シン	月神
エリヅ市	エア	海神

ドールイルへ市　アヌ　天神
エレク（ウルク）市　アヌ　天神
ニップル市　エンリル　地神
ボルシッパ市　ナブ　火神
キシ市　ザママ　日神
シッパル市　シャマシュ　日神
アッカド市　ネルガル　日神
バビロン市　マルヅーク　日神
〔アッカド地方〕セミット系統の神

■日神＝本名・シュメール語ウツ（太陽、日神の義）、月神＝シュメール語シン（月）
セミット語シャマシュ（太陽）　エウルマシュ（月）

■エリヅ海港の主神＝ヤー、その地の日神ドムーヅ（深淵の子）＝ヤーの子
ウル市の日神＝月神の子

■エリヅ海港の主神ヤーの本宮＝光明教
ヤーの神＝生命の神、文化の神、慈悲の神、医薬の神、悪魔祓の神、その子・日神ドムーヅ＝生命の神

（天照大天野岩戸隠れ神話＝シュメールの光明教に遠因＝神道＝現世教＝生命の神、化成化育の神

■高天原＝バビロニアのシュメール

（大日霊貴＝オヒルメムチ崇拝民族＝後出雲派＝朝鮮）

（皇孫瓊瓊杵尊＝ニニギノミコト＝日神神宮名を負う）

（大日霊貴、天忍穂耳尊＝アメノオシホミミ、マサカツアカツカチハヤヒアメノオシホミミ＝一名辛国息長大姫大目命カラクニオキナガオオヒメオオメノミコトの子＝朝鮮ツングース系の神話神）

【日本におけるバビロニア系民族、東洋移住は海路】

■天孫降臨し薩摩吾田の長屋の笠狭に第1王都⬇先着者・吾田国主長狭（日神）族＝長屋（海）神と長狭（日）神を並祭。第2王都・高千穂宮址の大隅国鹿神宮の地

伊勢国宇治（日神）土公族＝衢（海）神を山田に、宇治（日）神を宇治に並祭。

伊予国越智（日神）族＝大長宇津（日）神と大山積和多志（海）大神を並祭。

紀伊国名草・宇治（日神）族＝名草（日神）と竈山（海）神を並祭。

豊前国宇佐（日神）族＝八幡（海）神と宇佐（日）神を並祭。

筑前国安曇連名草（日神）族＝綿津見（海）神と宇津志日金折（日）神を並祭。

大和国珍彦（日神）の裔・長尾市（日神）族＝海神たる大和神と日神などを並祭。

これらは、日神を称名とした。
■天孫族・尾張連や吾田の小橋君＝ウバリの変＝神奴の長＝神奴たる隼人などを率いて天孫や神明に奉仕する名。
■中臣＝ナグツアミルで神供を掌る神職。
■忌部＝エンベルで祓詞を読む神職。
■大久米命＝クメ＝シュメール語の武具＝武人の称。
【バビロニアの神と日本の神社名、地名、人名】
■日神（ウツ、ウト）⬇ウツ、ウト⬇ウヅ、ウチ、ウヂ、ヲチ、ウサ、ウス、ウツシ、ウッツ。
ウツ＝宇津、宇美⬇豊後、伊予（今安芸）下野、長門、薩摩など＝神社名、地名。

ウト＝宇門、有度、菟砥、宇刀⬇大隅、駿河、和泉など＝神社名、地名。

ウヅ＝宇豆、珍⬇大隅、日向、豊後、大和、紀伊など＝神社名、地名、人名。

ウチ＝内、宇智⬇天孫第1の王都・薩摩国加世田、第2王都・高千穂宮址の大隅国鹿神宮の地、伊勢神宮の称号など＝皇室並びに天孫族の日神名称、神名、地名、尾張大和など。

ウヂ＝宇治、菟道⬇伊勢、紀伊、山城、大隅、薩摩など＝神社名、地名、人名。

ヲチ＝小市、平致、越智、尾市⬇伊予、大和＝人名、地名。

ウサ＝宇佐⬇豊前＝神社名、地名。

ウス＝宇須、臼⬇大和、下野、豊後など＝神名、地名。

ウツシ＝宇都志⬇筑前、信濃＝神名。

ウツツ＝内々、現々、内津⬇尾張、下野、和泉など＝神社名、氏族名、地名。

■海神（エア、ヤー）⬇ヤータ、ヤマダ、ヲヤマダ、ヤマヅ、ヤマト、ヤマキ、ヤ、イヤ、イヨ。
ヤータ＝八幡⬇大隅、豊前、対馬など＝海神。

ヤマダ＝山田⬇薩摩第1王都の地、大隅国第2王都の地、伊勢、尾張、長門、信濃など＝地名。

ヲヤマダ＝小山田⬇豊前、筑前など＝地名。

ヤマヅ＝山津⬇薩摩、伊勢、伊予、安芸、伊豆など＝大山津見神に転訛。

ヤマト＝大和⬇神名地名。

ヤマキ＝山城⬇和泉＝地名。
ヤ、イヤ＝彌、伊夜⬇越後＝神社名。
イヨ＝伊予⬇四国の総名、国名─各海神に縁故。

■神の鎮護地＝ナグ、日神鎮護地＝ナグウツ⬇ナグサ、ナガサ、ナギサ。
ナグサ＝名草⬇紀伊、筑前など＝神社名、地名、人名。

ナガサ＝長狭⬇薩摩、摂津、安房など＝人名、地名。

ナギサ、ナギサダケ＝波激、波激武＝名草嶽、長狭嶽の変⬇大長宇津神社、長尾市。
■海神鎮護地＝ナグャー⬇ナグヤ、ナゴヤ、ナガヤ
ナグヤ＝南久屋⬇肥前＝神社名、地名。

ナゴヤ＝名古屋、奈吾屋、名護屋、名籠屋⬇尾張、駿河、肥前、筑前など＝神社名、地名。

ナガヤ＝長屋⬇天孫第1の王都・薩摩吾田の長屋津（各海神に縁故）
■水（海）神＝アッダ⬇長屋津で有名な薩摩国の古名・吾田国に存する。
ワダ＝海⬇和多津見神
■海神＝チアマット⬇チマト、チマタ、タマト＝海神豊玉彦・衢神（ちまたのかみ、皇室に深く関係）
■南風神＝シューチ⬇塩土神・住吉筒之男神（皇室に深く関係）
■軍神・暴風雨神＝アッダド⬇熱田神＝尾張
■天神＝アヌ、アンヌ
アノ＝安濃⬇伊勢紀伊＝神名、地名。

アマヌ＝天野⬇伊勢紀伊＝神名、地名。
■月神＝シン⬇シヌ、シナ

シヌ＝小竹⬇紀伊、信濃など＝神名、地名。
シナ＝志奈⬇紀伊、信濃など＝神名、地名。
■火神＝アグ⬇アク⬇アクバ、アゴ、アコギ、アギ、アキツ、アキバ、アカ、アタゴ、イクタ、カグ、カラクニ、カゴ、カコ、コ。
アク＝飽⬇火神ギビル族の本屋拠＝吉備児島＝地名。
アクバ＝飽波⬇駿河＝神社名。
アゴ＝吾、英虞⬇志摩＝神名、地名。
アコギ＝阿漕⬇伊勢＝神名、地名。
アキ、アギ＝阿紀、飽、安芸⬇大和、安芸＝神名、地名。
アキツ＝明津、秋津⬇天皇の尊号、本州の国号、大和＝地名。
アキバ＝秋葉⬇遠江＝神社名。
アカ＝明、明光、赤⬇播磨、河内、紀伊、上野＝神社名、地名。
アタゴ＝阿多古、愛宕⬇丹後、山城＝神社名、地名。
イクタ＝生田⬇英虞神を祀る摂津＝神社名。
カグ＝香、香具⬇大和、紀伊＝地名。
カラクニ＝韓国⬇大隅＝山名。

カゴ＝鹿児、香語⬇第2の王都・大隅、尾張氏など＝神名、地名。
カコ＝加古、可古⬇播磨、丹波＝神名、地名。
コ＝籠、高、児、古⬇丹後、備前、大和、伊豆など＝神名、地名（各火神に縁故）。
■火神＝日神ウツの子＝若狭彦神ワカウツ、新田神ニイウツ。
■アグの配偶神タシメーツ＝タフシ、タフセ＝塔志、塔世⬇男神とともに志摩、伊勢＝地名。
ギビル＝吉備、大隅の霧島山
ナブ⬇丹敷、丹生⬇紀伊、大和、若狭など＝神名、地名、人名。
ナグ＝供御、神セン、犠牲の義＝奈具神、奈為神として皇室・丹後地方の御食津神として祀られる。
ズアブ＝深淵＝信濃下諏訪、周防屋代島＝各海神
アアヅバ＝海⬇橘＝日向の大隅国海三神の原所
アハ＝海岸＝アハ、アハギ、アハラギ、アハハ、アナバ
アハ＝淡、安房、阿波⬇淡路、安房、伊豆、遠江、伊賀、大和、志摩など＝神名、地名。
アハギ＝橘小戸⬇阿波岐原。
アハラギ＝阿波羅岐⬇志摩＝地名。
アハハ＝阿波々、鴨波⬇遠江、播磨＝地名。

アナバ＝阿奈波⬇伊予＝神社名。各海神に縁故。

ハ＝魚⬇ハタ＝鮍廣、鮍狭、八太造、博多津
ヌヌ（セミチック・バビロン語）⬇ヌ＝沼、奴、怒、渟＝筑前、安芸、備後、伊予、摂津、伊勢、伊豆など＝神社名、地名。

ナ＝儺、難、名、魚＝筑前、四国、摂津、その他＝魚の古語。

ノノ＝野々＝伊予＝地名、小児語の神。

ノ＝野＝安芸、伊予、その他＝海神鎮護座の縁語。
■古代の地名、人名はほとんど祭神名に由来する
日本の大号オホヤマト＝大日本＝海神ヤー神＝大和国大和邑大和神社
本州＝秋津州＝火神アグの神＝大和国南葛城郡秋津村の秋津神
四国＝伊予州、伊予二名州＝海神ヤー＝太魚（フトナ）の義＝本国伊予大三島大山積和多志神
九州＝筑紫州＝隼人、前出雲派の祀る＝月神＝筑前国筑紫郡筑紫村筑紫神社
■海神ヤー⬇子・日神ウツ
■物部（物＝霎—モノ＝朝鮮ツングース語、部＝ベト—雑人＝マラヨ・ポリネシア語）「神部」＝前出雲派語と同意語—神祇の職名。
猿女君（シャーイル）＝神託を求める神職の名。

■猿田彦＝サル（セミチック・バビロニアンのシャール、サル＝王）＝海神たる衢神を伊勢山田に神の王として祭る名称。

■皇室

海神ヤーの神、日神ウツの神、火神アグの神、御食津神ナグの神、草薙剣たる軍神アッダなどを並祭。

崇神天皇の朝、諸神を宮中より分離。

日神、火神、御食津神、軍神など⬇大和笠縫邑

海神⬇大市の長岡岬⬇大和邑＝垂神天皇の朝、倭姫命により、伊勢宇治土公が日神を祀る宇治に鎮座

日神の鎮座地に皇室の日神を鎮祭

■伊勢山田＝宇治土公により海神たる衢神を祀られ、垂神帝の朝、威を振るう宇治土公とともに没落

雄略天皇の朝

皇室に祀られた御食津神奈具の神鏡＝大和三諸宮⬇山田へ移祭⬇豊受姫神（チアム語＝マラヨ・ポリネシア系国語）

大神宮の祭典に外宮を祭祀、天皇皇后両陛下、外宮を御参拝の理由⬇外宮＝海神名たる度会宮＝

日神の親神たる海神を祀る（日神＝伊弉諾神の子、淡路伊弉諾神＝海神）

■バビロニア人の宇宙観

天海地三界

天神アヌ＝最古の神

海の世界⬇地の世界、太陽界生じた

海神ヤー⬇地神エンキの神徳兼ねる⬇（分化）地神エンリルの父＝大地の母神、日神ウツの父神

（淡路伊弉諾神⬇地神を生み、最後に日神を生まれた）

奈具神⬇豊受姫神に変称の時代

ウツ（ウチ）の神＝大日霊貴、天照大神（倭人語、韓語、チアム語などの混成国語）—天孫

■人種の言語は、裏面に埋没

ウツの神＝ヒメ（日女、比売、売、姫）、ヒルメ（日女、比留女）＝日の女神　▽ヒコ（日子、

日高、彦）、ヒルゴ（蛭子）＝日の男神　▽ヒロ（広）

■日本書紀、古事記の編纂

日子日女＝男女の称たる彦姫に誤解

火神アグ、ナブ＝稚日女、日女（比売）、ヒ（火、氷、肥）、ヒラ（枚、平、比良）、ヒリ（比理）、

ヒナ（夷、雛、比奈）、ともいひ、後世、蛭子の日神を誤り、無骨児として神話を構成。

夷神ヒラ、ヒリと同語を忘れて、蝦夷に着想、恵美寿、恵比寿と誤読

隼人派、前出雲派語を以て、ホ（火、穂）、ホホ（火火）、ホコ（火子、鉾、矛、穂己、穂高）、

ミホコ（御火子、御鉾、鋋榫）といい、武器の鉾に迷訳。

穂高＝ホダカ、日高＝ヒダカ、日高見国＝ヒダカの国に訓読みして怪しまない。

◎三種の神器は、皇孫瓊瓊杵尊（ニニギノミコト）、吾田国長屋の笠狭へ降臨の時、奉持し給える

「八咫鏡・草薙剣・八尺瓊五百箇御統（ヤサカニイホツミスマル）の総称。＊五百箇御統＝五百箇は「たくさん」のという意味、ミスマル（御統）は多くの玉を貫いて輪にすること。

1．八咫鏡（ヤタノカガミ）＝ウツの神鏡、ヒノクドマの神鏡、奈具神鏡

2．草薙剣（クサナギノツルギ）〔シュメール・バビロニアの遺跡より〕アッダド神の持つ剣＝雷光形　ニンギリス神＝槌矛を持つ。

3．八尺瓊五百箇御統（ヤサカニイホツミスマル）＝月神シンの表象。神璽として歴代皇位の表象。古代バビロニア⬇金属製「新月形」の頸飾、垂下飾。

4．天皇家の菊花紋章は旭日の美術化＝アッカド市イスタル神宮門の残壁と菊花紋

「世界の象徴天皇」への崇敬の念から、「我が皇室の淵源」を正しく知りたいという欲求が急速に高まっている。

「天孫人種系氏族と所祭神」（第三篇・第一段）

■天孫族

大和王権をつくったとする古代勢力の総称。『新撰姓氏録』では天照大神などの子孫を「天孫族」としている。

記紀＝奈良時代に編纂された『古事記』と『日本書紀』によると、高天原より葦原中国平定のため日向に降臨し、中国地方を経て近畿地方まで東征し西日本各地の豪族を従え天皇を中心とする大和王権［倭国］を樹立させ、中部・関東地方まで勢力を拡大させ、のちの日本へと発展。

『新撰姓氏録』神別では、天照大神の子孫とみなされる神々、天穂日命、天道根命、天津彦根命、天火明命、火闌降命、天佐鬼利命の子孫を「天孫」と定義、皇室、出雲氏、尾張氏、土師氏、隼人などはその子孫にあたるとしている）

【古代の氏（うじ）】（日本の古代における氏（うじ、ウジ）とは、事実上または系譜上、祖先を同じくする同族集団、氏族を指す。家々は氏を単位として結合し、土着の政治的集団となった。さらに、大和朝廷が形成されると、朝廷を支え、朝廷に仕える父系血縁集団として、氏姓（うじかばね）制度により姓氏（せいし）へと統合再編され、支配階級の構成単位となった。

□地名に由来する氏―出雲氏、尾張氏、和邇氏、穂積氏、吉備氏、葛城氏、蘇我氏、毛野氏など。
□朝廷内の職掌（品部）に由来する氏―物部氏、大伴氏、阿曇氏、額田部氏、膳氏、日下部氏など。
□天皇に姓を賜わり新たに命名された氏―藤原氏、橘氏、源氏、平氏、豊臣氏など。

【古代の姓（かばね）】（日本の上代で、氏族の尊卑を表すための階級的称号。臣（おみ）・連（むらじ）・宿禰（すくね）など数十種がある）

■国造（くにのみやつこ）＝大化以前、大和朝廷により設置された地方官。国造には、臣（おみ）・君・公・連（むらじ）・直（あたえ）など姓が与えられた。

□臣（おみ）＝大和王権で使われていた姓（かばね）の一つで、姓の中では連と並んで高位に位置していた。古くは「使主」とも表記。語源には諸説あるが、身体ならびに人格を意味する「ミ」に指小辞の「オ」をつけたもの（すなわち「小身」）とする説が有力である。『日本書紀』などの官撰史書では、臣姓の多くを継体天皇以前の天皇から別れ出た氏族とする。また、有力七氏族は系譜上、武内宿禰を共通の祖としている。

□君（きみ）

□公（きみ）

□連（むらじ）＝臣（おみ）とともに高位の豪族が保持した称号。語源には諸説あるが、一定規模の社会集団を意味する「むら」の族長「ぬし」とする説が有力。

□直（あたえ、あたい）＝費、費直とも書く。多くは、大化前の国造に賜った。

■八色の姓（やくさのかばね）＝天武天皇が６８４年（天武13）に新たに制定した「真人（まひと）、朝臣（あそみ・あそん）、宿禰（すくね）、忌寸（いみき）、道師（みちのし）、臣（おみ）、連（むらじ）、稲置（いなぎ）」の八つの姓の制度のこと。

■大隅国天孫＝鹿児神、内山田神

□大隅国（おおすみのくに）＝かつて日本の地方行政区分だった令制国の一つ。西海道に属する。

◇鹿児神＝鹿児島神宮（かごしまじんぐう）は、鹿児島県霧島市隼人町内（はやとちょううち）にある神社。式内社（大社）、大隅国一宮。旧社格は官幣大社で、現在は神社本庁の別表神社。別名として大隅正八幡宮とも。主祭神は、天津日高彦穂々出見尊（山幸彦）、豊玉比売命。天津日高彦穂々出見尊の后神創始は社伝によると「神武天皇の時に天津日高彦穗穗出見尊の宮殿であった高千穂宮を神社としたもの」とされる。北西13㎞の地点には、穗穗出見尊の御陵とされる高屋山陵がある。

◇内山田神＝鹿児島県みなみ鹿児島市には、次のような話が言い伝えられている。

「神代の昔、天照大御神に地上を治めるよう命じられた孫の瓊瓊杵尊が、多くの神々を連れて筑紫日向の高千穂峰に降りてこられた。天孫降臨である。瓊瓊杵尊は、現・南さつま市加世田の地に笠狭宮という最初の皇居を建て、木花開耶姫（このはなのさくやひめ＝桜島の名前の由来とも言われる）を見初め妻にして后とし、火照命、彦火火出見尊（ひこほほでみのみこと）らを生ませたが、一緒に奉られた姉の磐長姫は醜かったので嫌って妻にしなかった。それで姉妹の父・大山祇神が憤慨して呪いをかけて、代々の天皇の寿命が、岩のように永久ではなく、花のように短くなるようにした」と伝えられている。

■吾田大隅火闌降族＝枚開神、鹿児島神、新田神

□吾田（あだ・あた・阿多）＝鹿児島県西部の古い呼び名。古事記を編纂し始めたときはまだ大和朝廷に属していなかった。吾田鹿葦津姫（あたかしつひめ＝このはなさくやひメ）や武埴安彦（たけはにやすひこ）の妻の吾田媛（あたひめ）という具合に人物名に冠される。

火闌降命（ほのすそりのみこと）＝記・紀にみえる神＝瓊瓊杵尊（ににぎのみこと）と木花開耶姫（このはなさくやひめ）との間に生まれた3子のひとり。

『日本書紀』では、第1子の海幸で隼人（はやと）の祖。

『古事記』では第2子で火須勢理（ほすせりの）命。兄の火照（ほでりの）命と弟の火遠理（ほおりの）命（彦火火出見＝ひこほほでみの尊）が争った話が海幸・山幸の物語としてある。

◇枚開神＝枚聞神社（ひらききじんじゃ）は、鹿児島県指宿市開聞十町にある神社。式内社、薩摩

国一宮。旧社格は国幣小社で、現在は神社本庁の別表神社。主祭神＝大日孁貴命（おおひるめのむちのみこと）＝天照大神（あまてらすおおみかみ）の別名。

◇鹿児島神

◇新田神＝新田神社（にったじんじゃ）は、鹿児島県薩摩川内市宮内町1935－2にある。薩摩国一宮。旧社格は国幣中社で、現在は神社本庁の別表神社。かつては八幡五所別宮の一つとして八幡神を祀っていた為、別に「新田八幡宮」・「八幡新田宮」・「川内八幡宮」・「一宮八幡」・「新田明神」などとも呼ばれる。

■尾張国造火明族＝熱田神、内神、名古屋神

□尾張国造（おわりのくにのみやつこ・おわりこくぞう）＝尾張国を支配した国造。尾治国造とも。日本神話での尾張は、ヤマト王権の領土としての様子が綴られている。尾張の代表的神社である熱田神宮は、三種の神器の一つ・草薙剣（天叢雲剣）を祀っていることで有名。倭姫命や伊勢神宮に関わる伝説には尾張も含まれていて、文化的にも尾張は畿内や近江・伊勢の影響が強い。

□火明（ほあかり）族＝日本書紀に見える神。瓊瓊杵尊（ににぎのみこと）の子。尾張連（おわりのむらじ）などの祖先。火照命（ほでりのみこと）

「播磨国風土記」に見える神。大己貴神（おおあなむちのかみ）の子。あまりの気性の激しさに、この神のもとを逃げ出そうとした大己貴神の船を破壊した。

◇熱田神＝熱田神宮（あつたじんぐう）は、愛知県名古屋市熱田区神宮1－1－1にある神社。式内社（名神大社）、尾張国三宮。旧社格は官幣大社で、主祭神＝熱田大神、神体＝三種の神器の1つ草薙神剣（くさなぎのみつるぎ、草薙剣・天叢雲剣とも）を神体とする。天照大神を指すとしている。現在は神社本庁の別表神社。宮中の四方拝で遥拝される一社。神紋は「五七桐竹紋」。名古屋市南部の熱田台地の南端に鎮座する。古くは伊勢湾に突出した岬上に位置していたが、周辺の干拓が進んだ現在はその面影は見られない。

◇内神

◇名古屋神

■火明族津守連＝大海神、住吉神

□火明族＝日本書紀に見える神。瓊瓊杵尊（ににぎのみこと）の子。尾張連（おわりのむらじ）などの祖先。火照命（ほでりのみこと）

□津国（つのくに）＝摂津国（せっつのくに）旧字体攝津國は、日本の令制国の一つ。畿内に属する。現在の大阪府北中部の大半と兵庫県南東部にあたる。

□津守連（つもりのむらじ）＝摂津の名族。摂津・住吉神社の神主家。火明命の後裔と伝え、一族は摂津・和泉に分布。

◇大海神＝大海神社（だいかいじんじゃ）は、大阪府大阪市住吉区住吉2－9－89にある神社。式

内社で、現在は住吉大社の境内摂社。主祭神＝豊玉彦命（とよたまひこのみこと）と豊玉姫命（とよたまひめのみこと）

◇住吉神＝住吉神社（すみよしじんじゃ）は、主に住吉三神を祀る神社。大阪府大阪市住吉区住吉2－9－89。大阪市南部、上町台地基部西端において大阪湾の方角に西面して鎮座する。海の神である筒男三神＝『日本書紀』では主に底筒男命（そこつつのおのみこと）・中筒男命（なかつつのおのみこと）・表筒男命（うわつつのおのみこと）、『古事記』では主に底筒之男命・中筒之男命・上筒之男命（読み同じ）と表記される3神と神功皇后を祭神とし、古くはヤマト王権の時代から外交上の要港の住吉津・難波津と関係して、航海の神・港の神として祀られた神社である。海の神、航海の神、和歌の神とされるほか、オリオン座の三つ星に由来するとする説もある。

伊邪那岐尊と伊邪那美命は国生みの神として大八島を生み、またさまざまな神を生んだが、伊邪那美命が火之迦具土神を生んだときに大火傷を負い、黄泉国（死の世界）に旅立った。その後、伊邪那岐尊は、黄泉国から伊邪那美命を引き戻そうとするが果たせず、「筑紫の日向の橘の小戸の阿波岐原」で、黄泉国の汚穢を洗い清める禊を行った。このとき、瀬の深いところで底筒男命が、瀬の流れの中間で中筒男命が、水表で表筒男命が、それぞれ生まれ出たとされる。

■丹後国火明族海部直＝籠神、但馬国造、周敷連

□丹後国＝かつて日本の地方行政区分だった令制国の一つ。山陰道に属する。京都府北部。

□火明族＝日本書紀に見える神。瓊瓊杵尊（ににぎのみこと）の子。尾張連（おわりのむらじ）などの祖先。火照命（ほでりのみこと）

□海部直＝海部直（あまべのあたえ）は、古代より世襲制で「丹波国造」の伝統を持ち、現当主は82代目に当たり、神社の始まり（創祀）から連綿として御祭神の血脈一系で奉仕している。「海部（あまべ）」とは、応神天皇の5年に定められた部民の一つで、漁労を行う「部」と云う意味ではなく、大和朝廷の臣下となり、朝廷に海産物の貢納と航海技術を以て奉仕した「部」をいう。「直（あたえ）」とは、大王より地方豪族に与えられた政治的地位の姓（かばね）のことをいうので、「海部直」を賜ったことは大和朝廷と密接な関係にあったことを意味する。「海部直」の姓は応神天皇から賜ったもので、「丹波直」と「但馬直」とを兼ねていた。

◇籠神＝籠神社（このじんじゃ）は、京都府宮津市大垣430にある神社。主祭神＝彦火明命（ひこほあかりのみこと）、「天火明命」、「天照御魂神」、「天照国照彦火明命」、「饒速日命」ともいうとする。社家海部氏の祖神。式内社、丹後国一宮。旧社格は国幣中社で、現在は神社本庁の別表神社。元伊勢の一社で「元伊勢籠神社」とも称し、また「元伊勢根本宮」「内宮元宮」「籠守大権現」「籠宮大明神」とも称する。現在まで海部氏が神職を担当している。

社伝によれば、現在伊勢神宮外宮に祀られている豊受大神は、神代は「真名井原」の地（現在の奥宮真名井神社）に鎮座したという。その地は「匏宮（よさのみや、与佐宮／吉佐宮／与謝宮）」

と呼ばれたとし、天照大神が4年間営んだ元伊勢の「吉佐宮」にあたるとしている。そして白鳳11年（671年）彦火明命から26代目の海部伍佰道（いほじ）が、祭神が籠に乗って雪の中に現れたという伝承に基づいて社名を「籠宮（このみや）」と改め、彦火火出見尊を祀ったという。その後、養老3年（719年）、真名井原から現在地に遷座し、27代海部愛志（えし）が主祭神を海部氏祖の彦火明命に改め、豊受・天照両神を相殿に祀り天水分神も合わせ祀ったと伝える。

◇但馬国造（たんばのくにのみやつこ）＝『先代旧事本紀』の巻十『国造本紀』によれば、成務天皇の時代、尾張連同祖の建稲種命の4世孫にあたる大倉岐命を国造に定めたことに始まるとされる。京都府宮津市の籠神社に伝わる国宝海部氏系図には、その16代目に大倉岐命の名が記されているという。律令制国の丹波国および但馬国と丹後国、現在の京都府中部および北部から兵庫県北部と中部東辺に加え大阪府の一部に相当する地域を支配した国造。丹波国造の領域の南部にある亀岡盆地は、太古は大きな湖であり、風が吹くと美しい丹色の波が立ったところから、このあたりを丹のうみ・丹波と呼ぶようになったとされている。出雲神話で有名な大国主命が亀岡と嵐山の間にある渓谷を切り開いて水を流し土地を干拓して、切り開いた渓谷を妻神「三穂津姫命」の名前にちなみ「保津川・保津峡」と名付けたという伝説も残っており、出雲大神宮（亀岡市千歳町）の祭神となっている。

◇周敷連（すふのむらじ）＝奈良時代の天平宝字8年（764年）、多治比連真国ら10人に周敷連の姓が賜わり、ついで真国ら21人に周敷伊佐世利宿禰の姓が賜われる。この一族が先祖の神を氏神として祀ったのが周敷神社（愛媛県西条市周布）である。

板垣英憲　いたがき えいけん

昭和21年8月7日、広島県呉市生まれ。中央大学法学部法律学科卒、海上自衛隊幹部候補生学校を経て、毎日新聞東京本社入社、社会部、政治部、経済部に所属。福田赳夫首相、大平正芳首相番記者、安倍晋太郎官房長官、田中六助官房長官担当、文部、厚生、通産、建設、自治、労働各省、公正取引委員会、参議院、自民党、社会党、民社党、公明党、共産党、東京証券取引所、野村證券などを担当。昭和60年6月、政治経済評論家として独立。著書多数。

※本書は1927年、スメル学会より刊行された『天孫人種六千年史の研究』の復刻版です。

奪われし日本【復活版】シリーズ002
［復刻版］天孫人種六千年史の研究　一

第一刷　2023年9月30日

著者　三島敦雄

解説　板垣英憲

発行人　石井健資

発行所　ともはつよし社
〒162-0821 東京都新宿区津久戸町3-11 TH1ビル6F
電話 03-5227-5690　ファックス 03-5227-5691
http://www.tomohatuyoshi.co.jp　infotth@tomohatuyoshi.co.jp

発売所　株式会社ヒカルランド
〒162-0821 東京都新宿区津久戸町3-11 TH1ビル6F
電話 03-6265-0852　ファックス 03-6265-0853
http://www.hikaruland.co.jp　info@hikaruland.co.jp

振替　00180-8-496587

本文・カバー・製本　中央精版印刷株式会社

DTP　株式会社キャップス

編集担当　TakeCO/Manapin

ISBN978-4-86742-301-1